AF190471

La Educación Física en el sistema educativo español y finlandés.

Efectos de un programa de entrenamiento de ocho semanas

Pablo Luis Yagüe Ares

No se permite la reproducción total o parcial de esta obra, ni su incorporación a un sistema informático, ni su transmisión en cualquier forma o por cualquier medio (electrónico, mecánico, fotocopia, grabación u otros) sin autorización previa y por escrito de los titulares del copyright. La infracción de dichos derechos puede constituir un delito contra la propiedad intelectual.

© Pablo Luis Yagüe Ares, 2020

Impreso y editado por Books on Demand GmbH
info@bod.com.es - www.bod.com.es
Impreso en Alemania – Printed in Germany

Depósito Legal: AS 02419-2020

ISBN: 978-8-4132-6948-1

ÍNDICE

FASE I

ANÁLISIS DEL SISTEMA EDUCATIVO FINLANDÉS.

TRATAMIENTO DE LA EDUCACIÓN FÍSICA ESCOLAR

1. Introducción

En este trabajo se ha realizado un análisis del sistema educativo finlandés y del tratamiento que se le da a la Educación Física en la etapa de educación   secundaria obligatoria. La actividad física es un medio muy eficaz para la ocupación racional del tiempo de ocio y se constituye como una de las medidas más positivas para evitar, o al menos, minimizar hábitos nocivos (consumo prematuro de alcohol, drogas, tabaco) y problemas de salud, que en muchos casos son consecuencia del sedentarismo. Nos referimos a problemas cada vez más frecuentes en adolescentes y jóvenes como el sobrepeso, la obesidad y otras alteraciones derivadas de éstas. Además, en el caso finlandés el riguroso clima, las bajas temperaturas y el elevado número de horas de oscuridad durante varios meses al año hacen indispensable una buena política de ocio activo en la que la actividad física debe ser uno de los pilares más importantes,   para   evitar   los   problemas   mencionados anteriormente, y otros asociados a esas particulares condiciones climáticas como problemas mentales o depresiones.   Además, mantener una buena condición física es indispensable para evitar accidentes en la nieve y el hielo, etc.

El diseño de la presente investigación se ha centrado en una población de alumnado de entre 13 y 14 años. Segundo y tercero de la ESO en España y séptimo y octavo grado en Finlandia. Es ésta una edad crítica en la que muchos adolescentes, especialmente las chicas, cambian sus hábitos de vida. Los cambios psicosomáticos vienen acompañados con una ruptura con la vida anterior y una necesidad de realizar actividades propias de los adultos. En muchos casos las actividades físico-deportivas se ven como una actividad poco interesante e impropia de esa nueva etapa, descendiendo considerablemente los niveles de práctica.

Los vertiginosos cambios sociales que han tenido lugar en España durante los últimos años han dejado una impresión generalizada, entre los profesionales de la actividad física que trabajamos con adolescentes, en la que se percibe un incremento del sedentarismo en un elevado número de nuestros alumnos y alumnas, acompañado por un menor interés hacia la práctica de actividades físico-deportivas en el contexto escolar.

En este marco han surgido investigaciones para analizar la situación actual y los problemas futuros que puede acarrear. El sedentarismo y el sobrepeso son hoy por hoy un problema que cada año va ganando magnitud en los países desarrollados. Se han llevado a cabo bastantes estudios para tratar de invertir esta situación en poblaciones de riesgo con programas de actividad física, pero en la mayoría de los casos el éxito ha sido más bien escaso, pues estos programas no tienen el seguimiento esperado.

El objetivo principal de esta investigación es conseguir estrategias para incrementar el nivel de actividad física en la etapa de secundaria obligatoria. Para ello se estudia la efectividad de un programa de acondicionamiento físico de 8 semanas en el que han participado voluntariamente alumnos y alumnas de un centro escolar español y otro finlandés. En el Español, se prescribió un programa de 3 horas semanales para realizar por su propia cuenta en sus casas, y en el centro finlandés se modificó el horario escolar para realizar el programa bajo la dirección de un profesor. En ambos se realizó una evaluación de la condición física pre y post entrenamiento, y además, participó un grupo control que realizó las evaluaciones pero sin seguir ningún tipo de entrenamiento.

2. El Sistema educativo finlandés

Desde hace más de una década los resultados de los informes Pisa emitidos por la OCDE, han propiciado una mirada al sistema finés, especialmente desde nuestro país dónde los resultados han sido diametralmente opuestos. Tas una larga estancia en dicho país, mi sensación es que la mayores diferencias son producto de factores sociales y culturales condicionados en buena medida por el entorno, el clima y la situación geográfica. Es indudable que nada más llegar allí se observa una mayor inversión en educación, aunque para nada se observa un despliegue de medios tecnológicos, más bien todo parece más sencillo y rudimentario que en España. Desde la decoración, hasta los televisores , equipos informáticos y nuevas tecnologías. La diferencia viene definida en mayor medida por más recursos humanos que materiales. La menor ratio profesor-alumno, un mayor número de optativas y posibilidades u otros factores como la comida gratuita que ofrecen en los centros educativos. El respeto absoluto hacia el profesor y los principios de trabajo y esfuerzo son mucho más valorados que la pizarra electrónica o la tablet.

Respeto, esfuerzo, autonomía y confianza son la base sobre la que se sustenta el sistema educativo finlandés, junto con una buena gestión de recursos humanos y materiales. No hay varita mágica, no hay despliegue exagerado de nuevas tecnologías, simplemente la mayor parte del alumnado sigue las orientaciones del profesor, estudia y trabaja. Si hay algún incidente en contra de las normas de convivencia, incluso una pequeña pelea, es común que sea la policía la que se encargue de investigar y solucionar el caso, evitando futuros problemas entre profesores, alumnos y familiares. Los profesores educan y enseñan pero no son entendidos como seres que han de ser capaces de además de eso, motivar al insumiso o conciliar lo inconciliable. Cuando eso sucede el director, tutor orientador, profesores, alumnos y familias tratan de solucionar el problema. Cuando un alumno tiene problemas o necesidades educativas especiales puede recibir clases de apoyo desde el primer momento sin muchos trámites burocráticos. Incluso se pueden separar en grupos reducidos de 10 alumnos en pleno curso escolar. La mayoría de estudiantes y familias colaboran en este tipo de medidas y son pocos los que se niegan a colaborar. Los mínimos alumnos que crean problemas de disciplina son duramente sancionados y las expulsiones son sustituidas por trabajos sociales, tras la jornada escolar.

La educación es un derecho constitucional en Finlandia. Las autoridades públicas deben garantizar la igualdad de oportunidades de todos los residentes en Finlandia para acceder al sistema educativo incluso tras la etapa obligatoria. Las palabras claves de la educación en Finlandia son calidad, eficiencia, imparcialidad e internalización. Para las autoridades finlandesas *la educación es el principal factor para la competitividad de la sociedad*. Según la Finnish National Board of Education, el éxito del sistema educativo finlandés se basa en los siguientes principios:

> ➢ Igualdad de oportunidades, independientemente de la

condición sexual, de la situación económica, lingüística y cultural.

➢ Competencia de los profesores. Los profesores tienen todos el grado master y requieren prácticas previas a la actuación docente. La profesión de profesor está muy valorada en Finlandia. El trabajo es gratificante, autónomo e independiente.

➢ Educación individualizada con atención a las necesidades educativas especiales.

➢ Evaluación constructiva e integradora. Es usada para mejorar el proceso educativo y en ningún caso trata de crear un ranking.

➢ Valoración social de la educación. Culturalmente el proceso educativo y la labor de todos los miembros de la comunidad educativa es muy valorada en Finlandia. Este hecho incrementa la motivación de profesores que suelen tener una ayuda en los padres que reconocen, valoran y agradecen su trabajo. El consenso político en Educación es unánime.

➢ Sistema flexible basado en una ley que se adapta a las necesidades concretas de cada centro. Las autoridades municipales son las responsables de facilitar e implementar las necesidades educativas. Centros educativos y profesores tienen mucha autonomía para trabajar.

➢ Cooperación para el desarrollo de la educación entre distintas organizaciones: Organizaciones de profesores, pedagógicas, escuela de líderes, etc.

➢ Orientación educativa activa hacia el aprendizaje. Concepción del aprendizaje basada en la actividad e interacción con el profesor, otros estudiantes y el medio ambiente.

3. Historia de la educación en Finlandia

Finlandia perteneció al reino de Suecia desde el siglo XII al XIX. En sus inicios el idioma oficial era el sueco, pero con el movimiento nacionalista del siglo XIX, el finés pasó a ser la lengua oficial, aunque hasta la actualidad la lengua sueca mantiene la cooficialidad, ya que todavía para el 5.5% de la población finesa el sueco es actualmente su lengua materna. La educación pública comenzó en Finlandia en la década de 1860. Al igual que en muchos países los inicios estuvieron ligados a la iglesia, aunque ya en 1866 el sistema escolar nacional se independizó de la iglesia. Tres años más tarde el ministro de Educación creó la Junta Supervisora de Educación (Supervisory Board of Education) para inspeccionar, monitorizar y gobernar el sistema educativo en Finlandia. La "Board of Education" pasó a denominarse National Board of General Education ocupándose de la educación general. La Constitución de 1919 reconoce el derecho a la educación para todos los ciudadanos, siendo prescrita por ley en 1921. Hasta los años 70 la educación obligatoria constaba de seis cursos. Después de 4 cursos una parte accedía a la educación secundaria que estaba dividida en 5 cursos de educación secundaria inferior y tres cursos de educación secundaria superior. En los 70 se instauró el sistema actual de nueve cursos. La Formación Profesional quedó fuera de la National Board of General Education y estuvo dependiendo de varios ministerios hasta 1966 que pasó a depender del ministerio de Educación denominándose la National Board of Vocational Education. En 1991 las Juntas generales de Educación se unieron denominándose Finnish National Board of Education (Junta Nacional de Educación Finlandesa).

La red de Universidades se extendió por todo el país después de la Segunda Guerra Mundial. Durante los noventa, de forma paralela a la Universidad se instauraron los Institutos Politécnicos, casi 30 en todo el país. Abarcan gran cantidad de familias profesionales y dan acceso al grado de licenciado y recientemente master   en muchas de las   especialidades.

4. Estructura del sistema educativo finlandés

La estructura actual del sistema educativo finés, es similar a la del español. La educación obligatoria actual fue instaurada en la década de los 70 y consta de 9 cursos (6+3).

Educación Pre-escolar o Pre-primaria: La etapa de pre-escolar no es obligatoria pero las autoridades deben garantizarla. Actualmente prácticamente la totalidad de niños entre 6 y 7 años participaron en este curso. Los objetivos principales de este curso son la adaptación al contexto escolar, el desarrollo de diferentes técnicas de aprendizaje, la adquisición de habilidades básicas de acuerdo con su edad y habilidades.

Educación Básica obligatoria: La educación primara comienza un año más tarde que en la mayoría de países (en el año que el niño cumple 7 años), y dura 9 cursos. Seis cursos de educación primaria (lower comprehensive school, ala-aste, alakoulu). Y tres cursos de secundaria obligatoria, grado séptimo, octavo y noveno (upper comprehensive school en finés yläaste, yläkoulu). Posteriormente la educación deja de ser obligatoria aunque la mayoría aplastante continúa sus estudios. Casi todos los centros son públicos y la enseñanza privada, aunque permitida es testimonial, puesto que no es una opción económicamente atractiva. El Consejo del Estado es el responsable de aprobar un colegio privado y éste recibe del gobierno una cantidad de dinero similar a la de los centros públicos, sin embargo, está terminantemente prohibido el cobro de tasas mensuales o de matriculación ya que la enseñanza en Finlandia es gratuita desde el nivel preescolar al universitario. Además las bases de admisión de alumnos deben ser las mismas que en los colegios públicos. Matrícula, comida, transporte, libros o materiales son gratuitos hasta el final de la secundaria obligatoria. Posteriormente libros y material escolar ya no es gratuito.

Los estudiantes en la educación obligatoria que vivan a más de 5 km, o cuando se considere el viaje peligroso tienen derecho a transporte gratuito. Si el viaje diario dura más de 3 horas, las autoridades deberán proporcionar alojamiento gratuito a los estudiantes. También es posible seguir estas enseñanzas desde el propio domicilio sin asistir a ningún centro educativo. Las autoridades educativas proporcionaran materiales y asesoramiento a los padres o responsables legales de las enseñanzas y tienen el deber de supervisar y evaluar el proceso educativo. De todas formas el número de alumnos que optan por este sistema es mínimo en todo el país.

El objetivo principal de la educación básica es proporcionar el crecimiento personal y formar miembros éticamente responsables para la sociedad, y asimismo proporcionarles el conocimiento y las destrezas necesarias para la vida.

Después de la educación básica (nueve cursos) pueden continuar con la secundaria superior o bachillerato, formación profesional o incorporarse al trabajo. La mayoría de estudiantes logran finalizar con éxito la secundaria obligatoria y el índice de fracaso escolar está en torno al 10% frente al 30% de media española, según los últimos informes de la OCDE. Aunque los resultados en España son muy dispares entre las distintas Comunidades Autónomas con valores entre el 15% de Asturias y el 38% de Baleares. En Andalucía el porcentaje de alumnos que no finalizan la educación secundaria obligatoria ronda el 35%. En Finlandia, los alumnos que no consiguen alcanzar los objetivos fijados al finalizar la educación secundaria obligatoria tienen la posibilidad de un curso más denominado *educación voluntaria adicional,* o *décimo grado.* Es similar a la repetición de curso en España, que no se contempla en Finlandia en los cursos precedentes.

Los centros son gestionados por las autoridades municipales. Cada centro recibe una cantidad de dinero en función del número de alumnos basado en datos estadísticos de años anteriores. Factores como alumnos con necesidades educativas especiales o inmigrantes hacer variar la cantidad asignada. El director es el principal responsable de la gestión económica del centro.

Desde el primero al sexto grado un profesor se encarga de enseñar la mayoría de materias. En secundaria (7º a 9º) existe la figura del tutor y de profesores especialistas. En las escuelas pequeñas pueden agruparse varios niveles dentro de un mismo aula.

El curso escolar tiene 190 días lectivos, comenzando a mediados de agosto y finalizando el sábado de la semana 22 del año, normalmente a finales de Mayo. Existen vacaciones en Navidad, una semana en otoño (Octubre) y una semana a finales de Febrero (vacaciones de esquí). Cada centro tiene autonomía a la hora de establecer los periodos vacacionales respetando los 190 días lectivos. Las clases semanales (lecciones) varían de 19 a 30, teniendo una duración de 45 minutos a la que le siguen 15 minutos de descanso. El principio de trabajo descanso se respeta durante toda la jornada escolar. Los periodos lectivos se agrupan en periodos de seis semanas. Tras cada uno de ellos los horarios y el número de horas suele cambiar. El curriculum nacional pone énfasis en el roll activo del alumno como organizador de su propia estructura de conocimiento. Cada profesor puede elegir sus métodos de enseñanza-aprendizaje aunque el Curriculum Nacional aconseja métodos activos en el que existan debates, discusiones en parejas y pequeños grupos, trabajo en equipo y exposiciones de dichos grupos al resto de estudiantes.

Existen recomendaciones no oficiales para el trabajo en casa aunque el decreto de Educación Básica (852/1998) prohíbe los denominados "deberes" garantizando que el alumnado tenga tiempo suficiente después de la jornada escolar para descansar y desarrollar sus hobbies y actividades recreativas.

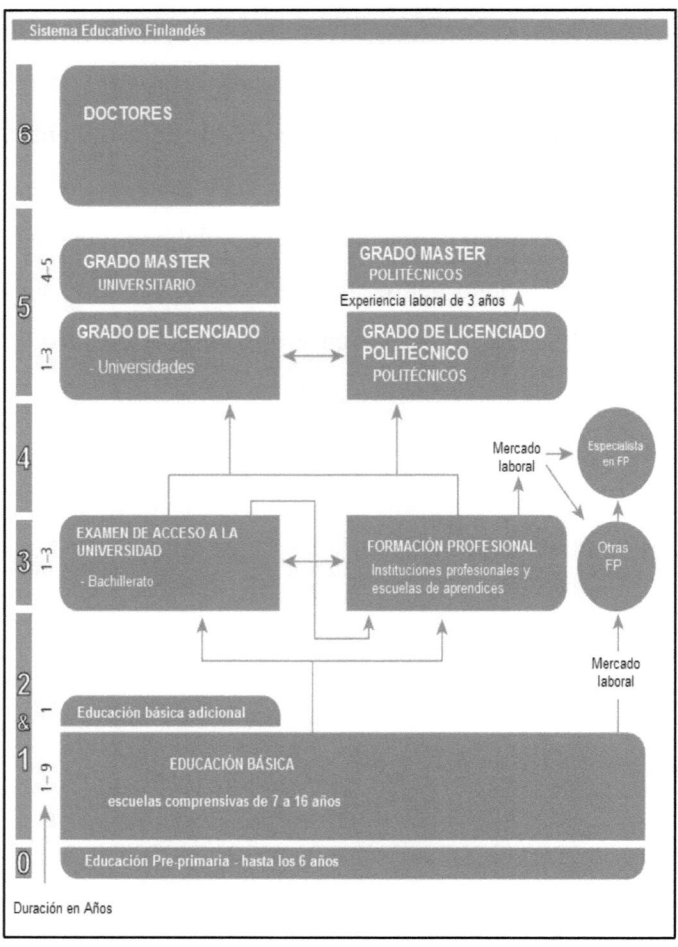

Figura 1. *Esquema del sistema educativo en Finlandia*

La mayoría de materiales son producidos por Editoriales. La Junta Nacional de Educación produce materiales limitados para grupos especiales. Los centros educativos y los profesores deciden los materiales y libros de texto a utilizar.

Educación Secundaria Superior: Después de la Educación obligatoria pueden optar entre el bachillerato (Lukio) o la formación profesional secundaria. El bachillerato (lukio) no está dividido en cursos o grados. La duración normal es de tres cursos, de los 16 a 19 años, aunque puede acortarse a dos o alargarse a cuatro. Es un bachillerato a la carta en el que deben completar un número determinado de cursos, estructurados generalmente en unidades de 6 semanas. Cada curso debe tener al menos 38 clases con una duración mínima por clase de 45 minutos. El bachillerato se termina cuando se logran superar un número de cursos obligatorios (47 a 51) y de cursos de especialización (10 cursos).

Tras superar el bachillerato hay un examen de acceso a la Universidad (matriculation examination), instaurado en Finlandia desde 1852. La superación de este examen, que tiene lugar en el mes de marzo da derecho a acceder a la enseñanza superior (Universidad o Politéncicos). Suele constar de al menos 4 disciplinas y el bloque de lengua materna es obligatorio (finés, sueco o saami). Luego pueden elegir entre segunda lengua nacional, lengua extranjera, matemáticas, ciencias y humanidades. Además los candidatos deben elegir una o más pruebas opcionales. También pueden elegir entre dos niveles de dificultad en función de los estudios que deseen realizar posteriormente. Las puntuaciones van de 0 a 7 y el aprobado se consigue con 2 puntos. El baremo es laudatur (L) 7, eximia cum laude approbatur (E) 6, magna cum laude approbatur (M) 5, cum laude approbatur (C) 4, lubenter approbatur (B) 3, approbatur (A) 2, improbatur (I) 0.

El superar esta prueba implica una celebración muy importante en Finlandia al igual que sucede en Alemania. El día de la graduación, tras superar el examen, los estudiantes obtienen el derecho de llevar un sombrero llamado *abitur*. Es un día señalado en todo el país y de gran reconocimiento social. Es como abrir la puerta de la vida adulta, con el acceso a los estudios superiores y en la que muchos jóvenes se independizan, hecho bien distinto a nuestro país. En todas las casas en Finlandia tienen la foto de los principales miembros de la familia con el abitur, salvando las diferencias, sería semejante al retrato de la primera comunión en España. La celebración suele coincidir con el primero de Mayo (*Vappu*) y los graduados de años anteriores pueden ponerse el abitur. En esa celebración también se festeja la llegada del buen tiempo y el final del invierno y de la nieve.

Fig. 2. *Celebración de la Fiesta de Vappu (Jyväskylä)*

Formación Profesional Secundaria. Generalmente son alumnos entre 16 y 25 años. Existen 53 cualificaciones profesionales con 119 programas en diversos sectores como tecnología, comunicación y transporte, servicios sociales, salud y deporte, turismo catering y servicios domésticos. Los programas de aprendices se realizan a través de contratos de trabajo complementados con formación teórica. Además de la evaluación continua, la formación se complementa con periodos de prácticas en empresas, un proyecto o tesina final y desde 2006 una demostración de las habilidades profesionales adquiridas.

Educación Superior: La Universidad totalmente adaptada a Bolonia y los politécnicos conforman la educación superior en Finlandia. Como el resto de niveles también es gratuita. Tras la grave crisis que afectó al país a principios de los 90 se impulsaron los institutos politécnicos paralelamente a la Universidad siendo uno de los referentes principales del sistema educativo finlandés. Con títulos desde aprendiz a grado de licenciado y master, al que se accede tras tres años de experiencia laboral, aunque no es posible conseguir el título de doctor por esta vía. Las inversiones e interconexiones con la empresa pública y privada son fundamentales a través de proyectos de investigación, desarrollo e investigación (I+D+I), formando trabajadores altamente cualificados en muchas especialidades laborales, concretamente:

- ➢ Humanidades y Educación
- ➢ Cultura
- ➢ Ciencias sociales, negocios y administración
- ➢ Recursos Naturales y medio ambiente
- ➢ Tecnología, comunicación and transporte
- ➢ Ciencias Naturales
- ➢ Servicios sociales, salud y deporte
- ➢ Turismo, catering and servicios domésticos

Financiación: Finlandia invierte un 5.1% del PIB en educación, no es mucho mayor que otros países con peores resultados en educación, lo que indica la buena gestión de los recursos. El mayor gasto viene derivado del profesorado 66%. El resto de los gastos corresponde a; propiedades y mantenimiento 14%, comida escolar (gratuita en todo el país en la educación obligatoria) 8%, acomodación y transporte 4%, administración interna 5% y necesidades educativas especiales y servicios de asistencia 3%.

Curriculum: El Estado marca un 75% de enseñanzas comunes y el resto lo organiza el colegio con la participación activa de estudiantes y familias. La libertad para diseñar el día a día escolar es amplia.

5. **Programas especiales**:

5.1. Comida escolar gratuita: Finlandia fue el primer país en instaurar la comida gratuita para todos los escolares en 1948, tratando de que todos los alumnos y alumnas tengan acceso una dieta rica y equilibrada. Hasta los años 60 los menús estaban basados en cereales (avena) y sopas y los estudiantes traían pan y leche como complemento a su alimentación. A partir de entonces se incorporaron menús más variados incluyendo alimentos congelados, y más verduras. En los 70 se incorporaron nuevos alimentos como espagueti o arroz cada vez más populares entre los jóvenes. Muchos estudiantes aprenden a comer más frutas y verduras en el colegio. La comida suele ser un plato único compuesto de un tercio de ensalada, verduras frescas o cocinadas, otro de carne o pescado (al menos una vez por semana y preferible dos) y otro de pasta, arroz o patatas, pan tostado con margarina vegetal acompañado de agua y/o leche desnatada. En ocasiones especiales o cuando el menú no es muy variado se incluye algún postre, generalmente bayas o fruta. La comida escolar supone la tercera parte de la alimentación de los estudiantes, junto con el desayuno y la cena. En algunos casos, si la jornada escolar se alarga están obligados a proporcionar una merienda (esto sucede en el 30% de los centros). Los dulces bebidas gaseosas y golosinas, suelen estar prohibidas en los colegios y en los bares del centro escolar en caso de haberlos. Los alumnos tienen una hora libre para comer y el servicio de comedor sirve las comidas de 11 a 12:30. Es un sistema de autoservicio en el que los alumnos deben recoger sus bandejas y colocar los cubiertos usados en su respectivo lugar. Los alumnos de séptimo grado pasan dos días del curso ayudando en el comedor a los cocineros como contacto con el mundo laboral.

5.2. Actividades fuera del colegio: Todos los alumnos de octavo y noveno grado realizan una semana de trabajo en una empresa de manera obligatoria. Tiene como objetivo una primera toma de contacto con el mundo laboral. Durante esa semana el colegio es sustituido por una jornada laboral completa en un centro de trabajo. En Finlandia la escuela es un centro abierto y muchas actividades se realizan en la propia comunidad. Los centros están abiertos y los estudiantes entran y salen con total libertad y responsabilidad durante sus horas libres o durante sus desplazamientos hacia los lugares de la clase. Especialmente en Educación Física las clases se realizan fuera del centro, bien en instalaciones municipales o en la propia naturaleza. Cuando estas instalaciones están alejadas, los alumnos deciden si usan la bicicleta o el transporte público, mientras que los profesores suelen usar su propio vehículo. Se entiende que los alumnos han de ser responsables para circular por la ciudad adecuadamente. Si sucede algo es entendido como un accidente y el profesor no es responsable.

5.3. Actividades antes y después del colegio: Este programa ha sido incluido tras la reforma educativa de 2003, y está dirigido para que los niños no pasen mucho tiempo solos en casa. Este programa está instaurado en la mayoría de países europeos ante la incorporación al mercado laboral de todos los miembros de la familia. Abarca desde las 7 AM hasta las 17 PM. Pueden beneficiarse alumnos de 7 y 8 años (primero y segundo grado). Las autoridades municipales coordinan las actividades a realizar y la selección de monitores (supervisores). El programa extendido por todo el país y da trabajo a unos 5000 supervisores. El precio no puede ser superior a 60 euros al mes, estando subvencionado en familias con ingresos bajos.

5.4. Programas para minorías sociales y emigrantes: Además de las dos lenguas oficiales del país, finés y sueco (el sueco mantiene la cooficialidad a pesar de ser la lengua materna de solo el 5% de los fineses), los Samis (pueblo nativo de Laponia, nómada entre Suecia, Noruega y Finlandia) tienen su propia lengua y tienen derecho a estudiar en dicha lengua al menos dos horas por semana. La lengua sami es hablada aproximadamente por 1800 personas (0,03% de la población). En Finlandia hay unos 10000 gitanos establecidos desde el siglo XV (hablan en Romaní). Estos grupos tienen el derecho de mantener y desarrollar su propio lenguaje y cultura, aunque también tienen que hablar las otras lenguas oficiales. Existen programas de integración de emigrantes, muchos de ellos provienen de zonas de oriente medio y África, afectadas por conflictos bélicos (Irak, Irán, Somalia, Afganistán, etc.). También es posible estudiar en inglés. En la ciudad de Jyväskylä en el centro Kortepohja school se puede cursar en inglés del grado 1º a 6º y en Viitaniemi school de los grados 7º a 9º.

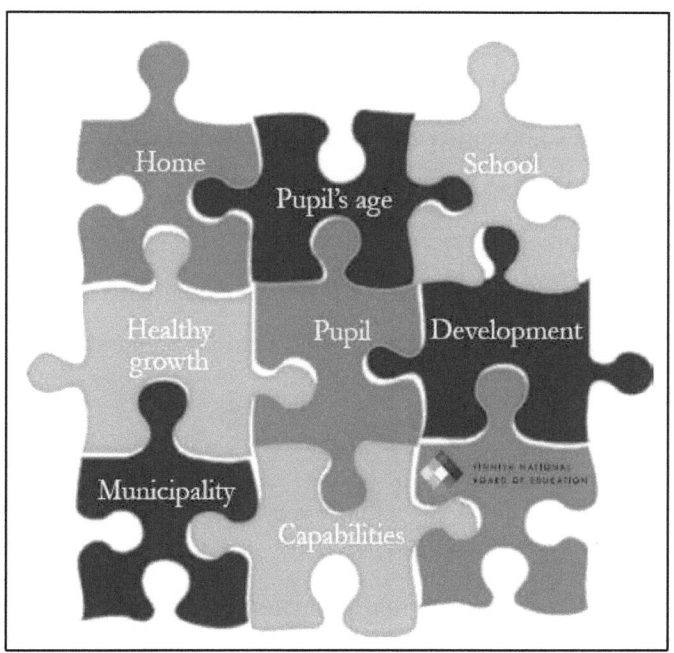

Fig. 3: *Los estudiantes son el centro del proceso educativo, pero la colaboración entre todos los participantes en el proceso es fundamental.*

6. Valoración del sistema educativo finlandés

Está claro que los resultados son muy buenos en Finlandia si atendemos al informe PISA, y destacan más aun al compararlos con España. Pero también hay que destacar que no todo es positivo en el sistema educativo en Finlandia, con demasiada frecuencia han acontecido dramas en centros escolares, posiblemente reflejo de una sociedad que como toda tiene sus problemas, como consecuencia de sus particularidades sociales y culturales que en muchos casos implican aislamiento social y emocional, soledad o represión de sentimientos que desembocan en un índice inquietante de suicidios, y elevados consumos de tabaco, alcohol o en un aumento del juego y apuestas.

Al analizar algunos de los aspectos positivos que se han destacado hasta el momento, muchos de ellos tienen un elevado carácter social y cultural y difícilmente son exportables. Para nada se puede comparar la sociedad y cultura finesa, silenciosa, introvertida y tímida con la española, mucho más ruidosa, exagerada y crítica, y porque no decir, social. La diversidad social y cultural de España poco tiene que ver con la finesa mucho más homogénea y con menores diferencias. La forma de vida condicionada por el clima es diametralmente opuesta. Mientras aquí apetece vivir en la calle y hay muchísimas diversiones y formas de ocupar el tiempo de ocio, en Finlandia, los últimos días de Mayo cuando llegan las vacaciones de verano apenas se alcanzan los 15 grados, siendo la mayoría de días lluviosos y rozando los 10 - 12 grados centígrados. En esas circunstancias la gente vive en sus casas la mayoría del tiempo, la oferta de actividades de ocio es mucho más limitada, y posiblemente las actividades deportivas son casi la única alternativa potenciada desde la administración.

El principio del respeto hacia el profesor y demás miembros de la comunidad educativa.

Este es posiblemente el mayor problema del sistema educativo español en los últimos tiempos. El restablecimiento del respeto hacia los docentes debe restablecerse en España siendo la base para que todo lo demás funcione. Se ha de buscar un régimen sancionador eficaz puesto que la actual expulsión que permite al alumno quedarse en casa, es más bien interpretado como unas vacaciones que como una sanción. Mientras que no se restablezca el respeto y la autoridad en las aulas las demás medidas tendrán un éxito cuestionable. Es necesario solucionar la problemática del 25-30% de alumnado desmotivado que desde los 13 – 14 años se niega a cooperar y se mantiene interfiriendo el proceso educativo del resto y acudiendo a los centros educativos únicamente por imperativo legal. Sin entrar a valorar la actual Ley del menor de España, los menores interpretan esa Ley como un elemento protector, que les permite hacer lo que les viene en gana sin ninguna responsabilidad penal seria. Esta interpretación, en muchos casos potenciada por los medios de comunicación, puede ser uno de los factores del incremento de faltas y delitos por parte de menores, tanto en el ámbito escolar como social. Los menores de 18 e incluso los menores de 14 conocen que sus actos inadecuados no acarrean un castigo acorde con la gravedad de los mismos.

La falta de interés y de motivación por parte de un porcentaje creciente de alumnos, en muchos casos afecta a familias desestructuradas, con un apoyo y preocupación escasa hacia los actos de los hijos e hijas a su cargo. Cuando esto sucede muchos miembros de la comunidad educativa señalan al profesor como responsable de la señalada ausencia de motivación, especialmente en zonas conflictivas donde centro y asuntos sociales se ven desbordados por la cantidad de casos. En Finlandia se han intercambiado opiniones sobre este tema con expertos educativos y todos señalan que los profesores poco tienen que hacer ante estos casos de rebeldía en los que se niegan a cooperar. Por otro lado reconocen que el porcentaje de esos casos es muy bajo en Finlandia, y como mucho corresponden a alumnos que si bien no trabajan no interfieren al resto de compañeros. En estos casos el equipo de orientación, mantiene una reunión con el chico y la familia y tratan de llegar a un acuerdo, siguiendo un programa mucho más flexible. En casos más extremos son derivados a centros específicos e incluso a realizar trabajos para la comunidad. Si un estudiante se niega a estudiar e interfiere el aprendizaje del resto es severamente sancionado.

El sistema Educativo persigue la autonomía del alumnado. Debido a las ayudas del estado, los jóvenes a los 18 años suelen independizarse, además la movilidad entre diferentes ciudades del país es elevada. Los finlandeses son muy independientes y los lazos familiares son muy distintos a España. En la etapa universitaria se independizan y suelen visitar a su familia 3 o 4 veces al año. Al comparar el sistema con el español uno de los aspectos más llamativos es la independencia y autonomía del alumnado y el papel de padres y profesores. Ya al empezar la enseñanza primaria con 7 años los orientadores aconsejan que los niños vayan solos al colegio. Es llamativo ver a niños tan pequeños desplazarse solos al colegio incluso en bicicleta. Las calles seguras, los carriles bicis y peatonales, la concienciación de los conductores y el conocimiento de las normas de circulación de los pequeños facilita este hecho.

 Los centros educativos están abiertos y no hay ningún tipo de cerramiento como sucede en España. Los alumnos de secundaria durante los tiempos de recreo pueden salir libremente del recinto escolar. Es frecuente ver a estudiantes durante las horas libres en tiendas y centros comerciales cercanos. Existen muchas actividades fuera del colegio. En las visitas a la ciudad, distante unos 2 km del centro escolar, para asistir al teatro, cine etc., los alumnos suelen desplazarse en bicicleta o transporte público por su cuenta, y si sucede algo, todo el mundo lo entiende como un accidente y no es responsabilidad del centro ni del profesorado, si realmente no es culpa de ellos, aunque sea en horario escolar. Los alumnos de octavo grado tienen una semana en la que realizan prácticas en un centro de trabajo. Durante esa semana asisten con normalidad al trabajo asignado cumpliendo el horario establecido. Se pretende que tomen contacto con el mundo laboral.

Opiniones de los profesionales finlandeses sobre el sistema educativo: En general por su carácter y cultura los finlandeses son poco críticos con las cosas que pueden considerarse negativas, y tienden a resaltar solamente lo positivo. En este sentido difieren sustancialmente a nosotros los españoles, ya que nosotros tendemos a resaltar lo negativo, sobre todo en asuntos de política y educación. En general todos los estamentos de la sociedad son muy respetuosos con la labor docente, y no está mal vista su alta remuneración, su menor jornada laboral y sus amplias vacaciones.

El funcionamiento de los centros tiene una gestión privada y los directores contratan al profesorado, por lo que los profesores aptos para impartir clase suelen dejar curriculums por varios centros. Un profesor puede trabajar en varios centros a la vez si las horas son compatibles, cobran por horas y cuantas más horas impartan mayor es el sueldo aunque también se incrementan los impuestos. Hablando con profesores de español, la mayor parte de ellos, suelen impartir esa materia compaginando varios centros. Para optar a una plaza como profesor, además de en los colegios también pueden dejarse el curriculum en el área municipal de Educación. Al ser la población tan dispersa, existen muchos centros en localidades pequeñas donde es fácil encontrar trabajo, no existiendo mucho paro entre los profesores, aunque normalmente hay que desplazarse a centros rurales. A pesar de ser un sistema público, la gestión es privada y la contratación depende del director con el visto bueno del inspector. En general, por los motivos comentados anteriormente, la movilidad del profesorado es muy grande.

Es posible que los buenos resultados en el informe PISA sea consecuencia de una exhaustiva preparación del mismo, ya que valoran mucho la imagen de cara al exterior. Además la motivación y amor propio de los alumnos es elevado por lo que en cada informe PISA se sienten muy motivados para volver a ser los mejores y representar a su país. En general, los finlandeses se sienten muy orgullosos de serlo.

Los estudios tienen una alta recompensa a nivel económico y de reconocimiento social. El sistema educativo es gratuito y las becas para la elaboración de tesis doctorales suelen incluirse en programas de investigación de unos 5 años de duración con un sueldo medio de 2000 a 3000 Euros. Los alumnos entienden que los sacrificios y esfuerzos del estudiante son luego recompensados, y esa imagen es difundida por familias, centros escolares e incluso los medios de comunicación. En España éste es un problema bastante grave. Hasta hace apenas 40 años sólo unos pocos tenían acceso a la educación superior y una vez que ésta ha sido accesible para la mayoría de personas, muchos titulados no ven recompensado su esfuerzo académico. Muchos están al paro y tienen que trabajar en otro tipo de oficio. Otros, se ven obligados a trabajar por sueldos muy bajos, por lo que los jóvenes estudiantes no ven futuro en los estudios, es decir, mucho esfuerzo para poca recompensa. Por otro lado en los últimos años algunos medios de comunicación han dado una imagen errónea a los jóvenes "de éxito inmediato" con malos ejemplos. Parece fácil conseguir mucho dinero sin apenas esfuerzo sólo con salir en televisión o contar la vida personal en un programa. Aunque el número de personas que pueden acceder a este tipo de programas es muy limitado, la repercusión sobre los jóvenes es muy elevada y a menudo cuando el profesor les explica los beneficios del estudio al alumnado es difícil encontrar argumentos sobre los problemas que afectan a licenciados e investigadores en nuestro país con sueldos muy por debajo de su cualificación profesional y en muchos casos obligados a salir fuera del país para poder ejercer su profesión. La crisis en España ha tenido graves consecuencias sobre los jóvenes, muchos de ellos con escasa formación, sin empleo y carentes de una formación laboral cualificada. En este sentido la sólida formación profesional de Finlandia con una elevada interrelación con el mundo de la empresa puede ser un modelo a seguir de cara al futuro.

7. Tratamiento de la Educación Física en el sistema educativo finlandés

En España por ley hay 2 horas de Educación Física semanales durante la Educación Secundaria Obligatoria y primer curso de bachillerato. A partir de ese momento la Educación Física desaparece de forma obligatoria del sistema Educativo. En Finlandia hay dos horas semanales durante la Educación Secundaria Obligatoria y Bachiller. En Formación profesional existen optativas relacionadas con la actividad física y deportiva.

En la secundaria obligatoria finlandesa 7º, 8º y 9º grado, equivalente a 2º, 3º y 4º de ESO, las dos horas corresponden a dos tramos de 45 minutos con sus respectivos descansos de 15 minutos, que normalmente se emplean en el desplazamiento hasta la instalación deportiva. Estas horas son seguidas en un día a la semana. Por lo tanto el tiempo efectivo suele rondar los 70 – 80 minutos semanales. En este sentido cabe destacar que el tiempo efectivo y los dos días semanales de práctica existentes en España confieren un mayor tiempo de práctica semanal en España en relación a Finlandia. Los profesores finlandeses manifiestan el descontento con esa situación aunque tiene difícil solución, ya que al estar los centros deportivos en la mayoría de los casos a cierta distancia de los centros educativos se necesitarían 4 horas semanales (2 + 2 tramos de 45 minutos). Además tienen una hora de educación para la salud, y en 8º y 9º grado pueden elegir optativas relacionadas con algún deporte. En bachiller tienen programas especiales para deportistas de cierto nivel que les permite realizar tres entrenamientos en el horario escolar que complementa las prácticas realizadas con sus clubes deportivos. Cada centro de la zona se especializa en un deporte, y los chicos y chicas que destacan en alguno de ellos tienen preferencia para ir a dicho centro. Se trata de deportes populares, como el hockey hielo, floorball, el fútbol o el esquí de fondo. En general las clases son similares a las de España aunque no es obligatorio usar ropa deportiva, las prácticas suelen realizarlas descalzos (algo que no parece muy adecuado), y no se suele dar teoría ni se utiliza libro de texto, confiriendo a la EF funciones más recreativas y de desconexión con las actividades más intelectuales del colegio. Los contenidos y evaluaciones son prácticas al 100%. En España el área tiene diferentes exigencias en el desarrollo de contenidos teóricos y la exigencia del uso de un atuendo adecuado para la práctica de actividad física, en gran parte propiciado por los profesionales de la EF que buscan un mayor reconocimiento hacia su trabajo y materia, para superar el tratamiento de inferioridad que en muchos casos ha acompañado a la Educación Física a lo largo de la historia. La participación y cooperación del alumnado es bastante buena aunque como aquí siempre hay algún alumno o alumna que intenta no participar. En esos casos los alumnos suelen salir del aula y regresar al centro educativo. El profesor no es responsable de esos alumnos y se centra en su clase. Tampoco realizan actividades alternativas (actividades o trabajos escritos).

Práctica de Actividad Física Extraescolar: Según este estudio y atendiendo a la opinión de los profesores el 75% del alumnado estudiado realiza actividades físico-deportivas en horario extraescolar, bien deporte federado, recreativo o actividades deportivas por su cuenta en clubes deportivos o centros deportivos municipales.

Cabe destacar la gran oferta de actividades deportivas y el elevado número de instalaciones deportivas tanto cubiertas como al aire libre. El duro invierno con mucho tiempo de oscuridad y temperaturas bajo cero las 24 horas del día durante varios meses, justifica la adecuación de muchos espacios cubiertos para la práctica de actividades físico-deportivas. Durante 3 o 4 meses al año con temperaturas medias sobre 5 grados negativos, llegando frecuentemente a -25 grados centígrados sólo es posible estar en la calle por un corto espacio de tiempo y realizando alguna actividad física (paseos, jogging, esquí de fondo, etc.). A pesar de las bajas temperaturas, la bicicleta es el medio de transporte más utilizado incluso en invierno para desplazarse a los centros educativos y lugares de trabajo. Los finlandeses prefieren vivir en casas individuales a cierta distancia de los núcleos urbanos, donde se concentran los servicios (colegios, centros de salud, oficinas, bancos, etc.) y un número pequeño de viviendas. Por ese motivo y como a ellos les gusta ser independientes, los estudiantes utilizan la bicicleta como principal medio de transporte. Existe una extensa red de carriles para peatones y ciclistas, paralela a todas las carreteras que facilita los desplazamientos seguros en bicicleta. Además la orografía llana facilita el uso de la bicicleta. En relación con España hay una diferencia muy acentuada en nuestro país en los últimos años en cuanto al nivel de práctica de actividad física, puesto que el sedentarismo está creciendo entre los niños y adolescentes. Las causas son diversas y las principales líneas de investigación señalan:

La agresiva urbanización de la mayoría de pueblos y ciudades en la que los espacios de juego espontaneo han quedado muy reducidos.

La peligrosidad de las calles (real o exagerada por padres y medios de comunicación) ha limitado el juego autónomo por parte de niños y adolescentes. Los padres no tienen confianza en dejar a los niños salir a jugar a la calle en solitario.

La mayor ocupación laboral por parte de padres y madres hace que el niño pase más horas dentro de sus casas y en muchos casos solos o en compañía de otros familiares.

La proliferación de aparatos tecnológicos que favorecen hábitos de vida sedentarios; el ordenador, los viedeojuegos, el teléfono móvil, la televisión, etc.

El descenso de la tasa de natalidad y familias con menor número de niños en un espacio urbano, junto con los factores señalados, implica en muchos casos la desaparición del grupo de amigos tan necesario en niños y adolescentes donde organizaban sus juegos y actividades físicas de manera autónoma e independiente.

En estos casos, el juego espontaneo entre niños y adolescentes va escaseando, y por lo tanto van perdiendo autonomía para organizar y reglamentar sus propios juegos. La actividad física de muchos de ellos siempre está organizada y supervisada por un adulto, bien en la clases de Educación Física o en las prácticas deportivas de algún club. Muchos de los juegos tradicionales y muy populares hace solo un par de décadas han desaparecido de las calles de pueblos y barrios e incluso de los patios escolares durante los periodos de recreo. Por contra, en Finlandia todos los espacios urbanos tienen sus zonas de juego y es seguro que los niños jueguen en las calles en solitario desde tempranas edades.

Fig. 4: *Espacio de juego presente en cada bloque de edificios*

Profesionales de la Educación Física: En Finlandia sólo existe una Facultad de Ciencias del Deporte y la Salud, precisamente en Jyväskylä. La facultad con una trayectoria de más de 50 años tiene gran prestigio internacional, con varios Masters en inglés que se ofertan a estudiantes de todo el mundo. Al igual que los finlandeses los estudiantes extranjeros pueden cursar los estudios de manera gratuita. También existen titulaciones que se pueden cursar en los politécnicos que ofertan cursos de entrenadores en distintas modalidades deportivas, y formación técnica en entrenamiento, recreación, deportes en la naturaleza, etc. El instituto del deporte de Vierumaki es un ejemplo de este tipo de centros.

8. Enlaces de interés

The Finnish National Board of Education (NBE)

http://www.oph.fi/english

Servicios de Educación de la ciudad de Jyväskylä

https://www.jyvaskyla.fi/en/daycare-and-education/basic-education/education-services-city-jyvaskyla

Consorcio de educación de Jyväskylä

https://www.gradia.fi/en

Universidad de Jyväskylä

http://www.jyu.fi/en/

Facultad de Ciencias del deporte y la salud

http://www.jyu.fi/sport/en

LIKES–Fundación del Deporte y Ciencias de la Salud

https://www.likes.fi/en/

FASE II

Efectos de un programa de

entrenamiento de ocho semanas en

escolares de ambos países

1. Introducción

Los cambios sociales y culturales de las últimas décadas, han conllevado una transformación en la forma de vida, especialmente en los jóvenes. El desarrollo tecnológico y la proliferación de los espacios urbanos implican generalmente progreso y cambios positivos, aunque generan otros cambios colaterales, que en caso de no controlarse adecuadamente pueden acarrear efectos negativos. En este sentido el modo de vida moderno, en las sociedades occidentales ha incrementado la proliferación de hábitos sedentarios en la población. Estos hábitos pueden llegar a ser muy perjudiciales, especialmente entre los más jóvenes, ya que el movimiento y la actividad física es un requisito necesario para un adecuado desarrollo de niños y adolescentes. En las clases de Educación física venimos observando año tras año como el nivel medio de condición física entre nuestro alumnado va empeorando, al tiempo que aumentan los casos de sobrepeso y obesidad, y los problemas derivados de éstas patologías. Otras alteraciones metabólicas como hipertensión o diabetes, desordenes de alimentación como la bulimia, perdida de movilidad, asma, problemas cardiovasculares, también han sido asociadas a los hábitos sedentarios. Además, estas alteraciones físicas, vienen acompañadas en muchos casos de discriminación social, baja autoestima y enfermedades mentales como la depresión.

Teniendo en cuenta estas circunstancias, autoridades públicas y privadas han desarrollado diferentes iniciativas para revertir esta tendencia que de seguir incrementándose puede acarrear a corto, medio y largo plazo consecuencias muy negativas tanto a nivel individual como a nivel colectivo y social.

2. Objetivos

Los principales objetivos de la presente investigación fueron:

1. Analizar y comparar el nivel de condición física en dos centros escolares con influencias sociales y culturales muy diferentes.
2. Estudiar la incidencia que la práctica habitual de actividad física tiene sobre el nivel de condición física en ambos países.
3. Analizar la efectividad de dos programas distintos de entrenamiento sobre el nivel de condición física en estudiantes sedentarios.
4. Proponer en función de los resultados fórmulas que sean efectivas para incrementar la práctica de actividad física entre grupos de adolescentes sedentarios.

3. Material y método

3.1. Sujetos

En el presente estudio participaron 191 estudiantes de segundo y tercero de ESO en España (séptimo y octavo grado en Finlandia) entre 13 y 14 años de edad. En España participaron 107 y 84 en Finlandia.

En España 14 alumnos formaron parte del grupo de entrenamiento (12 chicas y 2 chicos) y 15 del grupo de control (8 chicos y 7 chicas). En Finlandia 25 sujetos (12 chicas y 13 chicos) participaron en el grupo de entrenamiento y 14 en el del control (7 chicos y 7 chicas).

Por temas legales en Finlandia solo se realizaron estudios antropométricos con el grupo control y de entrenamiento.

Los padres o tutores legales firmaron el consentimiento para participar en el estudio, siendo informados por escrito sobre el propósito de la investigación, el contenido de las diferentes pruebas y el propósito de las mismas. El estudio fue aprobado por el Comité ético de la Universidad de Jyväskylä (Finlandia).

3.2. Diseño experimental

Los 191 sujetos fueron testados siguiendo el mismo procedimiento y usando los mismos materiales a través de una batería de pruebas, evaluando las cualidades físicas básicas de resistencia (cualidad aeróbica), flexibilidad, fuerza y velocidad (cíclica y acíclica). De todos los voluntarios 68 formaron parte de los grupos de entrenamiento y control. Se intentó motivar especialmente a estudiantes sedentarios, aunque no se cerró la participación para alumnos activos y deportistas. Éstos sujetos realizaron una doble valoración de la condición física tras un periodo de 8 semanas, repitiendo las mismas pruebas (excepto la course navette). Los grupos de control (España y Finlandia) siguieron con sus actividades habituales durante el tiempo de entrenamiento, mientras que los grupos de estudio realizaron un programa de entrenamiento tres veces por semana durante las citadas 8 semanas. En el grupo de entrenamiento español, el entrenamiento fue prescrito mediante un programa individualizado a cada sujeto. En Finlandia el entrenamiento fue presencial con un profesor que trabajaba con el grupo tres veces por semana (tres sesiones de 75 minutos por sesión).

3.3. Mediciones y técnicas instrumentales

3.3.1. Estudio antropométrico:

España: Se realizaron medidas de talla, peso y cálculo de índice de masa corporal (IMC) en todos los participantes. Se utilizaron los siguientes materiales:

Estadiómetro: (Tallímetro) con contador indicador de 600-1200 mm apoyado en un plano vertical, y un plano horizontal con un cursor deslizante para contactar con el vértex (Psymtéc). Se determinó la estatura (distancia desde el vértex a la planta de los pies del individuo). El valor de los datos se expresa en cm con precisión de 0,1 cm. El sujeto se situaba descalzo, erecto, con talones juntos, brazos extendidos, talones, nalgas y cabeza en contacto con el plano vertical del tallímetro, cabeza en el plano de Frankfort, mirada hacia delante, efectuando la medición al final de una inspiración profunda.

Báscula: para determinar el peso corporal se utilizó una báscula de 0,1 kg. de precisión. Se pesó a los deportistas con la mínima ropa posible y descalzos. El valor de los datos se expresa en kilogramos con una precisión de 0,1 kg.

En Finlandia, el estudio antropométrico se hizo únicamente con los grupos de estudio (control y entrenamiento). Los cálculos fueron realizados por bioimpedancia.

3.3.2. Valoración de la condición física:

Las pruebas fueron realizadas durante las clases de Educación Física en sus respectivos grupos, normalmente formados por 20 – 25 alumnos. Solo participaron los alumnos que voluntariamente lo habían decidido y además tenían el consentimiento de sus padres o representantes legales. Por lo que en la mayoría de los casos los participantes eran entre 15 y 20. Se emplearon 2 sesiones de clase de 60 minutos de duración para llevar a cabo todas las pruebas. En cada sesión dos evaluadores dividían el grupo en dos. En la primera evaluación, durante la primera sesión, se realizó el estudio antropométrico y tras un calentamiento de 10 minutos consistente en stretching movilidad articular, carrera continua, y multisaltos, se realizaron las pruebas de flexibilidad, fuerza de miembro superior, salto de longitud de parado, fuerza explosiva en plataforma de contacto y course navette. Durante la segunda sesión, después de un calentamiento de 10 minutos consistente en stretching movilidad articular, carrera continua, y tres carreras progresivas sobre 30 metros al 60, 70 y 80% de la velocidad máxima se realizaron las pruebas de velocidad sobre 30 metros, velocidad acíclica (10 x 5 m) y la prueba aeróbica máxima.

En la segunda evaluación (evaluación de los grupos control y entrenamiento) las pruebas se llevaron a cabo en el mismo orden siguiendo la misma metodología, que en la primera en dos sesiones idénticas a excepción de la primera sesión donde no se realizó la course navette.

Flexibilidad: Se eligió el test de la batería Eurofit denominado sit and reach flexibility test. Se usó un cajón que incluye una cinta métrica con precisión de 1 mm (0.001 m).

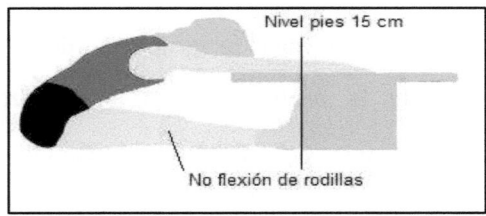

Fig. 5: *Esquema básico del test de Flexibilidad (Sit and reach flexibility test).*

Los sujetos realizaban la prueba descalzos y ésta consistió en desplazar una regla por la cinta métrica sin doblar rodillas. Para ello un evaluador pasaba una mano sobre las rodillas del participante. En caso de observar flexión de las mismas, debía repetir la prueba. En el nivel de los pies fue colocada la medida de 15 cm. Cada sujeto podía repetir la prueba en dos ocasiones anotando el mejor de los dos intentos.

Resistencia Aeróbica:

a) Protocolo máximo progresivo, Test BEEP. En el propio gimnasio del IES. Se colocaron señales con conos cada 15 metros sobre un circuito elíptico de 120 metros (apto para llevarse a cabo sobre una pista de 20 x 40 m). Se dieron instrucciones a los participantes pare hacer coincidir su paso por las señales colocadas cada 15 metros, con el sonido emitido por un altavoz conectado a un ordenador que emitía sonidos generados a través de un programa informático, de manera que la velocidad de carrera coincida con la marcada en el protocolo de la prueba.

El protocolo fue el siguiente: velocidad inicial de 7 km·h^{-1} con incrementos de 0.2 km·h^{-1} cada 30 segundos en chicas y velocidad inicial de 8 km·h^{-1} con el mismo incremento de 0.2 km·h^{-1} cada 30 segundos en chicos. Es un protocolo triangular máximo y progresivo similar a los efectuados en el laboratorio. Las velocidades fueron controladas por medio de una señal sonora emitida por un ordenador, usando el software Valsport protocolo triangular progresivo (Oviedo, España). Se registró la frecuencia cardiaca con el sistema POLAR Team System (Polar elcetro Oy, Kempele Finland). Los datos fueron transferidos al ordenador usando el software Polar precision performance V 4.03.040 (Polar elcetro Oy,

Kempele Finland). De cada archivo se memorizó la FC cada 5 segundos. En cada prueba se analizaron las siguientes variables; frecuencia cardiaca máxima, velocidad máxima alcanzada en el test, tiempo total de prueba y distancia máxima recorrida. La prueba se desarrolló sobre superficie sintética (Taraflex). La velocidad final en la prueba se calculó mediante la fórmula propuesta por Kuipers y col. (1985), $V_F = V + A \times n/b$, donde V (km·h^{-1}) es la velocidad del último periodo completado, A es el valor del incremento de velocidad entre dos periodos, n es el número de segundos completados en el último periodo y b es la duración total del último periodo. La prueba fue realizada de

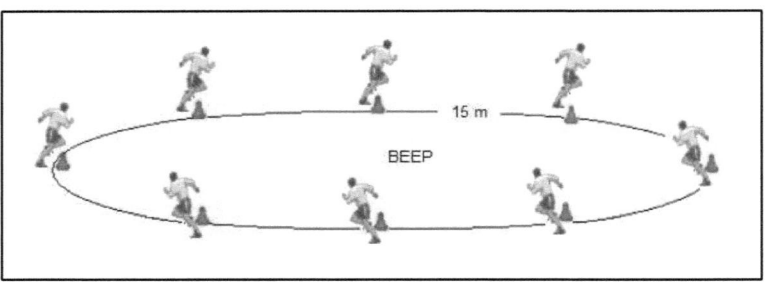

Fig. 6: *Test de resistencia aeróbica en pista de 20 x 40 m.*

manera colectiva con un máximo de 8 sujetos en cada tanda, cada uno provisto de un pulsómetro. Cada sujeto salía cada 15 metros desde cada uno de los 8 conos del circuito. El protocolo consiste en correr desde el cono de salida siguiendo el ritmo marcado por las señales sonoras del altavoz del ordenador. Los sujetos continúan este patrón hasta el agotamiento o hasta la eliminación cuando no llegan con la señal sonora al siguiente cono colocado a 15 metros. Con esta prueba también se puede monitorizar o obtener la relación frecuencia cardiaca – velocidad. Según los criterios establecidos por el grupo de Conconi (Conconi y col, 1982), especialmente tras las modificaciones establecidas en el protocolo en 1996 (Conconi y col, 1996).

b) Prueba progresiva de ida y vuelta. Course Navette. Esta prueba también denominada Multi- stage fitness test (MSFT) fue diseñada en Cánada por Léger y Lambert en 1982 como una manera sencilla de estimar el consumo máximo de oxígeno a partir del tiempo máximo de carrera en una prueba de ida y vuelta sobre 20 metros máxima y progresiva. Hay gran cantidad de estudios posteriores surgidos a partir de la misma que incluyen ligeras modificaciones del protocolo (Léger y Gadoury, 1989), y estudios complementarios de validez y fiabilidad, especialmente de la fórmula para estimar el consumo máximo de oxígeno.

Se incluyó esta prueba en la primera evaluación, en todos los participantes para compararla con la prueba aeróbica máxima citada anteriormente, ya que está mucho más estandarizada y

apoyada por estudios de validez y fiabilidad, permitiendo obtener estimaciones indirectas del consumo máximo de oxígeno mediante diversas fórmulas. Concretamente incluimos la estimación del VO_{2max} a partir de la fórmula original de Léger (Léger y Gadoury, 1989) y la revisada de Flouris que trata de evitar la sobreestimación, que según ellos se realizaba con la primera fórmula (Flouris y col., 2005). Los participantes son requeridos para correr entre dos líneas de 20 metros según el protocolo descrito por Brewer y col. (1988), sobre un circuito de 20 x 20 metros marcado con conos, en 10 calles, teniendo una anchura de 2 metros y una longitud de de 20 metros, de manera que 10 sujetos pueden realizar la prueba simultáneamente. La velocidad inicial es de 8.5 km·h^{-1} con incrementos de 0.5 km·h^{-1} cada minuto. El protocolo consistió en correr desde la línea de salida a la línea paralela situada a 20 metros, girar y correr de nuevo hasta la línea de salida al ritmo marcado por las señales sonoras del altavoz del ordenador. Los sujetos continúan este patrón hasta el agotamiento o hasta la eliminación cuando no llegan con la señal sonora a la línea de 20 metros en dos veces sucesivas. La prueba se llevó a cabo en una superficie sintética.

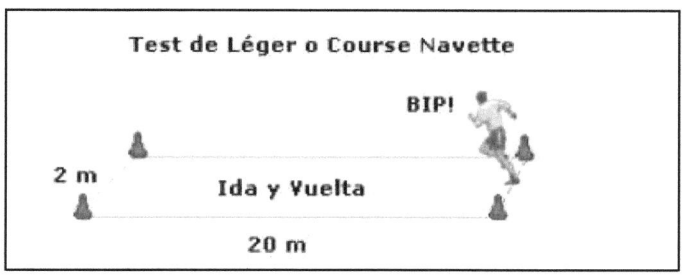

Fig. 7: *Esquema básico del test de Leger o Course Navette.*

Las velocidades fueron emitidas por una señal sonora emitida por un ordenador, usando el software Valsport protocolo triangular progresivo (Oviedo, España). Se registró la frecuencia cardiaca con el sistema POLAR Team System (Polar elcetro Oy, Kempele Finland), con la misma metodología que en la prueba anterior, analizando las mismas variables. La velocidad final en la prueba se calculó con el mismo procedimiento que en la prueba anterior a través de la fórmula de Kuipers y col 1985.

Fuerza

Fuerza Miembro superior

Lanzamiento de balón medicinal de 3 kg. Prueba diseñada para la valoración de la fuerza explosiva del tren superior. Para su realización es necesaria una línea y perpendicularmente a ésta una escala con precisión de 1 cm. Para la realización los sujetos se colocan detrás de una línea con los pies a la misma altura permitiendo una pequeña separación no mayor que la anchura de los hombros. Desde esa posición, llevan el balón por detrás y encima de la cabeza lanzándolo hacia adelante lo máximo posible. Tras el lanzamiento ninguno de los pies puede sobrepasar la línea de lanzamiento. Si esto ocurre se da la posibilidad de repetir la prueba. En la zona de lanzamiento se colocó una cinta métrica de fibra de vidrio de longitud de 25 metros de larga y precisión 0,01 metro. Para el cálculo total del lanzamiento, se tomó como referencia la parte más retrasada del balón en el momento de impactar con el suelo. Se permitieron dos intentos en cada evaluación anotando el mejor de los dos resultados.

Fuerza Miembro Inferior

Salto longitud de parado: Es una prueba sencilla para valorar la fuerza explosiva de las extremidades inferiores. Sólo requiere una línea trazada en el suelo y una cinta métrica, siendo su aprendizaje sencillo. Los sujetos se colocan detrás de una línea con los pies a la misma altura permitiendo una pequeña separación no mayor que la anchura de los hombros. Desde esa posición saltan hacia adelante lo máximo posible sobre una superficie adherente libre de polvo (cemento pulido en España y parquet en Finlandia) en la que se colocó una cinta métrica de fibra de vidrio de longitud total 25 metros y precisión 0,01 metro. Para el cálculo total del salto, se tomó como referencia la parte más retrasada del cuerpo en el momento del aterrizaje. Se permitieron dos intentos en cada evaluación anotando el mejor de los dos resultados.

Salto vertical: Se utilizó el equipo Newtest Powertimer (Newtest Oy., Oulu, Finland), compuesto por una plataforma de contacto de unas dimensiones de 1,03 x 0,83 m y 4 milímetros de espesor. Ésta incorpora varillas dobles aceradas de 1 cm de anchura separadas por tacos de goma que evitan el contacto entre las citadas varillas. La carcasa exterior de la plataforma es de goma. Al hacer contacto, debido al peso del deportista sobre la misma, éstas se unen cerrando el circuito. Las varillas están colocadas transversalmente a lo largo de la plataforma con una separación de 6 cm entre cada pareja, asegurando así el cierre del circuito al pisar sobre cualquier punto de la alfombra. La plataforma está conectada a un ordenador manual (PDA) con alimentación propia de 4 horas de autonomía, permitiendo, de este modo, la toma de tiempos de vuelo y de contacto con una precisión de 0,001 s.

A partir de estas mediciones se estiman variables como la altura del centro de gravedad en cada uno de los protocolos, la potencia desarrollada (DJ_{40}), y diversos índices, como el de elasticidad y reactividad. La altura del salto es obtenida a partir de la ecuación:

$h\ (m) = g \cdot Tv^2 \cdot 8^{-1}$, donde, h= altura del salto, g= aceleración de la fuerza de la gravedad equivalente a 9,81 $m \cdot s^{-2}$, Tv= Tiempo de vuelo en segundos. Las pruebas propuestas fueron las siguientes:

Squat Jump (SJ): Permite valorar la fuerza explosiva de la extremidad inferior. Se realiza un salto vertical sobre la plataforma de contacto, con las rodillas flexionadas a 90º, el tronco erguido y con las manos en la cintura (el objetivo es que todo el impulso provenga de la musculatura extensora de la extremidad inferior). El deportista debe efectuar la prueba sin contramovimiento. Al factor contráctil se le añade, en esta manifestación de fuerza, un segundo factor, el relativo a la capacidad de reclutamiento de fibras (Bosco, 1991). Como la altura del salto es calculada a partir del tiempo de vuelo (tiempo de permanencia en el aire), una vez que se produce el salto, las rodillas han de permanecer a 180º y los pies hiperextendidos, para no aumentar el tiempo de vuelo y evitar errores en la estimación de la altura alcanzada por el centro de gravedad. Estas reglas deben mantenerse en todos los saltos.

Counter Movement Jump (CMJ): Permite valorar la fuerza explosiva con reutilización de energía elástica y aprovechamiento del reflejo miotático de las extremidades inferiores. Consiste en hacer un salto vertical con un ciclo de estiramiento-acortamiento. Desde una posición erguida con las manos en la cintura, se efectúa un salto vertical después del contramovimiento hacia abajo (rodillas flexionadas hasta 90º). Durante la acción, el tronco permanece erguido para evitar cualquier posible influencia en el rendimiento de los miembros inferiores. La diferencia entre los valores del CMJ y de la prueba anterior (SJ) nos permite calcular el índice de elasticidad:

Índice de elasticidad = $(CMJ-SJ)\cdot100/SJ$

Free Jump o salto libre (FJ): Prueba idéntica al CMJ, pero se puede utilizar el impulso de los brazos, no siendo necesario que éstos permanezcan en la cadera.

*Drop Jump (DJ$_{40}$): Con este protocolo se v*alora la fuerza reactiva de la extremidad inferior. Al componente contráctil y elástico del CMJ se une el reactivo por la incorporación de unidades motoras por vía refleja (Bosco, 1991). La prueba consiste en dejarse caer desde una altura determinada (en el presente estudio se ha realizado desde un banco de 40 cm de altura) y aprovechando el impulso de la caída, saltar en vertical lo máximo posible. El sujeto debe tener el tronco erguido y con las manos en la cintura, para no influir en el rendimiento del miembro inferior. En este salto es muy importante el valor del tiempo de contacto, buscando producir la máxima fuerza durante el menor tiempo posible, por lo que se busca el mayor tiempo de vuelo con el menor tiempo de contacto posible. La relación entre estos parámetros determina la potencia del salto que viene expresada en vatios por kilogramos ($w \cdot kg^{-1}$) y se calcula mediante la fórmula: $P \ (w \cdot kg^{-1}) = (g^2 \cdot Tv \cdot Tt)/(4 \cdot n \cdot (Tt - Tv))$

Donde, P= Potencia; g= aceleración de la fuerza de la gravedad equivalente a 9.81 $m \cdot s^{-2}$; Tt= Tiempo total de duración del test en segundos, n= número de saltos y Tv= Tiempo de vuelo en segundos.

Los sujetos realizaron 2 intentos en SJ, CMJ, DJ_{40} y salto libre con impulso de brazos, anotando el mejor de ellos. En caso de una mala ejecución (impulso, "contramovimiento" en SJ, flexión excesiva de rodillas, caída de talones, etc.) se les permitía realizar un intento extra.

Velocidad

Capacidad de aceleración sobre 30 metros. La prueba consiste en correr a la máxima velocidad una distancia de 30 metros. Los tiempos fueron tomados con el sistema Newtest Powertimer (Newtest Oy., Oulu, Finland), que incorpora tres células fotoeléctricas conectadas a un cronómetro con precisión de 0,001 s. Los sujetos, tras la aprobación del evaluador tomaban la salida voluntariamente desde una posición estática 30 cm por detrás de la primera célula fotoeléctrica. Se colocaron tres células, en la salida a los 10 y a los 30 metros. Para la colocación de las células las distancias fueron medidas con una cinta métrica de fibra de vidrio de longitud total 25 metros y precisión 0,01 metro. En cuanto a la altura de las células, una vez efectuada la medición, sin mover el trípode, se ajustó a 1,30 metros. Con esta altura se intentó que la zona de corte estuviese en las tres células en un mismo punto entre cabeza y cuello con el fin de eliminar posibles cortes producidos por los brazos. La prueba se llevó a cabo sobre superficie de cemento en España y sintética (tartán) en Finlandia. En cada evaluación se permitieron dos intentos, más uno adicional para determinar la velocidad máxima en ese intento las células se colocaron a la salida, a los 28 y 30 metros, tomando como referencia el tiempo empleado en cubrir los dos metros finales. Cada intento, en cada una de las pruebas estaba separado por 5 minutos de recuperación. En caso de problemas con la medición debido fundamentalmente a cortes con los brazos se permitía un intento extra.

Velocidad acíclica 10 x 5 m. Es una prueba de velocidad acíclica o capacidad de aceleración desaceleración incluida en la batería Eurofit. Para su realización se marcan dos líneas situadas a 5 metros de distancia y deben completar diez recorridos en el menor tiempo posible. El cronometraje se realizó con la aplicación Newtest Powertimer (Newtest Oy., Oulu, Finland) incorporando 2 células fotoeléctricas situadas sobre cada una de las líneas de inicio y final, conectadas a un cronómetro con precisión de 0,001 s. Las células fueron colocadas sobre trípodes a una altura de 1 metro. En el desarrollo de la prueba los sujetos debían realizar el recorrido 10 veces traspasando la línea con los dos pies en cada uno de los giros. La prueba se realizó sobre una superficie adherente de cemento pulido, permitiendo un único intento excepto en caso de algún incidente que afectase el resultado de la prueba. En ese caso se permitió un intento más.

4. Descripción del programa de entrenamiento

Duración del programa: Ocho semanas – 3 sesiones por semana. En cada semana se realizarán dos sesiones de fuerza y dos de resistencia.

CONTENIDOS:

a) Circuito de fuerza-resistencia:

Volumen: Se realizará dos veces por semana un circuito compuesto por 8 ejercicios. Semana 1, 2 y 3; 2 recorridos completos al circuito, semanas 4, 5 y 6; 3 recorridos completos, y semanas 7 y 8; 4 recorridos completos.

Intensidad: Se realizará cada ejercicio durante 15 segundos, primando la correcta ejecución una vez colocados los sujetos en cada estación. A medida que avanzan las semanas, una vez mejorada la técnica de movimiento de los ejercicios se buscaba un mayor número de repeticiones.

b) Entrenamiento Aeróbico:

Volumen: Dos sesiones semanales por semana. Semanas 1 y 2; 15 minutos de carrera continua por sesión estructurados en 10+5 minutos. Semanas 3 y 4; 20 minutos de carrera continua por sesión estructurados en 10+10 minutos. Semana 5; 25 minutos de carrera continua por sesión estructurados en 10+15 minutos. Semana 6; 30 minutos de carrera continua por sesión estructurados en 15+15 minutos.

Intensidad: Semana 1 trabajo entre el 70 y 75% de la frecuencia cardiaca máxima obtenida en la prueba aeróbica máxima. Semana 2 trabajo entre el 75 y 80% de la frecuencia cardiaca máxima obtenida en la prueba aeróbica máxima. Semanas 3 y 4 trabajo entre el 80 y 85% de la frecuencia cardiaca máxima obtenida en la prueba aeróbica máxima. Semanas 5 y 6 trabajo entre el 85 y 90% de la frecuencia cardiaca máxima obtenida en la prueba aeróbica máxima.

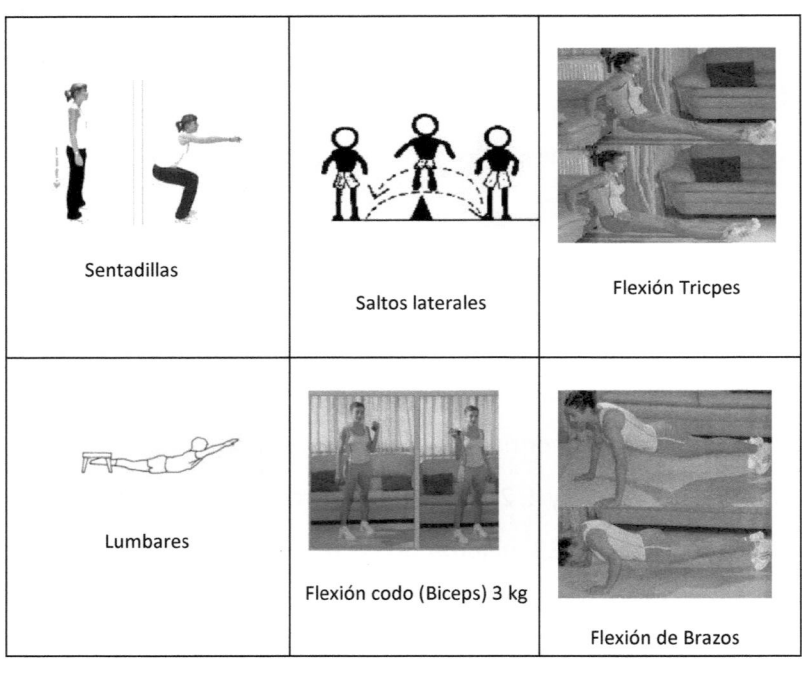

Sentadillas

Saltos laterales

Flexión Tricpes

Lumbares

Flexión codo (Biceps) 3 kg

Flexión de Brazos

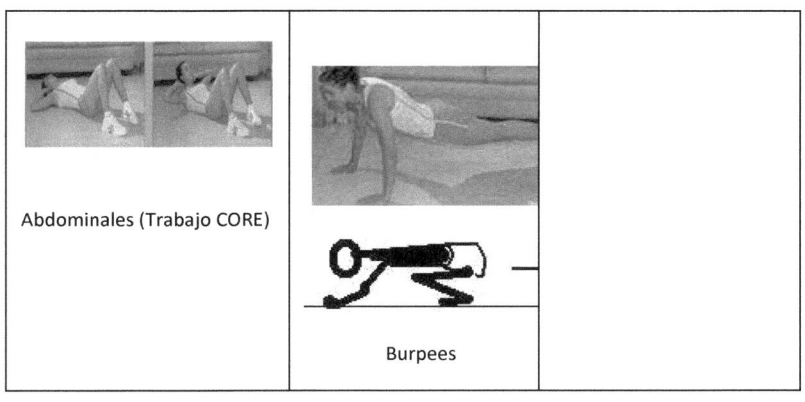

| Abdominales (Trabajo CORE) | Burpees |

Fig. 8: Esquema del entrenamiento de fuerza

5. Tratamiento gráfico y estadístico de los datos

El tratamiento gráfico se llevó a cabo con el programa Microsoft Excel 2000 (9.0.2812), mientras que para el tratamiento estadístico se utilizó el programa SPSS V13.0. en un ordenador PC compatible. Se utilizaron métodos estadísticos descriptivos para el análisis de la media y desviación estándar (D.E.). En análisis estadísticos efectuados, se ha seguido el siguiente procedimiento:

- Se ha contrastado si las distribuciones eran normales. Para ello se utilizó la prueba de Kolmogorov-Smirnov para una muestra en cada variable. En segundo lugar se comprobó la existencia de asimetría y curtosis. Cuando la hipótesis de normalidad no era rechazada y la muestra era lo suficientemente amplia se aplicaron pruebas paramétricas. Cuando el tamaño de la muestra no era suficientemente grande, a pesar de que las pruebas anteriores fueran concordantes con la normalidad, dicha información no fue considerada concluyente debido al reducido tamaño de la muestra, por lo que se aplicaron pruebas no paramétricas. En cada tabla se señala expresamente la prueba estadística aplicada. El nivel mínimo de significación estadística establecido fue de $P < 0.05$.

6. Resultados y discusión

6.1. Resultados en la primera evaluación en España

6.1.1. Resultados por edad y género: Los resultados globales por género (masculino y femenino) y por edades (14 y 13 años) se muestran en las tablas 1 y 2. Los chicos obtienen mejores resultados que las chicas con diferencias significativas en la mayor parte de las pruebas excepto en flexibilidad. Los chicos de 14 años obtienen mejores resultados en la mayoría de las pruebas que los de 13 años, como cabía esperar. Debido al incremento de la capacidad física con la edad. Sin embargo las chicas de 14 años obtienen peores resultados que las de 13 años. Esto puede deberse al elevado índice de sedentarismo observado en este grupo, observándose una involución de las cualidades físicas muy prematura. Esta circunstancia puede ser muy perjudicial de cara al futuro de continuar los citados hábitos sedentarios.

6.1.2. Resultados por el nivel de práctica de actividad física (sedentarios, activos y federados y porcentaje por edad y género). Se observó un nivel de práctica de actividad física bajo, con un porcentaje de sedentarios del 26.1% en los chicos y del 73.8% en la chicas. Estas personas afirmaron no realizar más actividad física en su vida personal que la de la Educación Física escolar. La variedad de deportes y actividades físicas practicadas fue muy baja. La mayor parte de los practicantes realizaban fútbol (chicos) o voleibol (chicas). La práctica de otras modalidades deportivas fue prácticamente nula. Nos consta que fue debido más al poco interés mostrado por parte del alumnado que a una escasa oferta deportiva ya que desde el patronato deportivo municipal se ofertan más variedad de actividades deportivas.

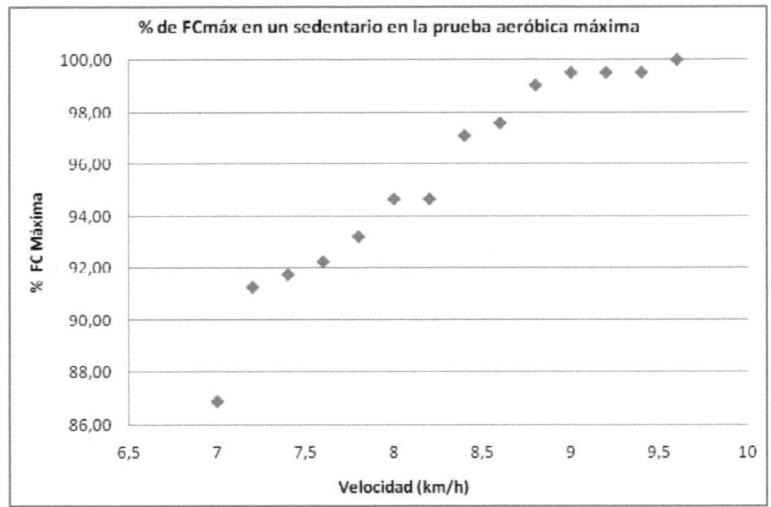

Gráfico 1

Como se observa en la (tabla 2), la condición física de las personas activas y deportistas (federados) es mejor que la de sedentarios con diferencias estadísticamente significativas en la mayoría las variables. Se observa un bajo nivel de condición física en las chicas de 14 años, especialmente entre las sedentarias, con valores peores que las chicas más jóvenes de 13 años. Este hecho refleja una involución prematura de la condición física en las chicas que puede implicar riesgos de cara al futuro, como ya se ha comentado. En el gráfico 1 se observa la evolución de la frecuencia cardiaca en la prueba de resistencia en un sujeto sedentario. A una velocidad tan baja como 7,2 km/h (es una marcha rápida sin llegar a carrera) y después de tan solo 30 segundos de carrera a 7 km/h la FC se elevó hasta el 91,26% de la FC máxima, superando casi con toda seguridad el umbral anaeróbico situado generalmente sobre el 90% de la FC máxima. Este hecho era habitual al analizar la gráfica FC-Velocidad en la prueba aeróbica en la mayoría de sujetos sedentarios. En cuanto al índice de masa corporal, en el grupo de los chicos de 13 años el 50% tenía un peso superior al recomendado. En los sedentarios el 12,5% de los sujetos presentó sobrepeso y el 37,5% obesidad. En los federados el 22,2% presentó sobrepeso y el 11,1% obesidad. En el grupo de 14 años el porcentaje con más peso del recomendado fue del 31,25%. Por grupos, en los federados no se observó obesidad y el porcentaje con sobrepeso fue del 11,1%, en los activos 19,2% presentaron sobrepeso y 3,8% obesidad, y por último, en los sedentarios más del 50% de los sujetos tuvieron problemas de peso, 40% sobrepeso y 13,3% obesidad. Cabe señalar que de continuar con los hábitos sedentarios muchos de ese 40% con sobrepeso, se convertirá en obesidad incrementando los riesgos de padecer problemas cardiovasculares. Dentro de las chicas, las de 13 años, en el grupo de federadas no se observó obesidad con un 20% con sobrepeso. En las sedentarias tampoco se observó obesidad y el sobrepeso afectó al 33,3% de las chicas. En las chicas de 14 años, dentro de las federadas el 16,6% presentó sobrepeso, y no se observó obesidad. En las sedentarias el 27,7% presentó sobrepeso y el 13,6 obesidad. Se observa por tanto que la práctica de actividad física reduce los porcentajes de sobrepeso y obesidad. Estudios previos ya demuestran que la práctica de actividad es el medio más eficaz de prevención de la obesidad incluso por encima de la propia alimentación.

6.2. Resultados en la primera evaluación en Finlandia

6.2.1. Resultados por edad y género: Los resultados globales se muestran en la tabla 3 y 4. Se observan unos resultados globales por edad y género superiores a los observados en el centro Español. Las mayores diferencias se observan en las cualidades de flexibilidad y resistencia. Estas diferencias se estudiarán con mayor detalle a continuación.

6.2.2. Resultados por el nivel de práctica de actividad física (sedentarios, activos y Federados). Los resultados se ofrecen en la tabla 4. En general se observa un nivel de práctica mayor que en el grupo de España, especialmente en las chicas. Aunque el nivel de federados no es mucho mayor, casi todo el mundo está inscrito en alguna actividad deportiva. Como se ha comentado el riguroso clima durante la mayor parte del año impide "estar en la calle". La única forma de permanecer en la calle es realizando alguna actividad física (caminar, correr, esquiar). Ante esta situación la administración potencia actividades en recintos cubiertos y adaptados al riguroso clima. De todas estas actividades, aunque la oferta cultural es amplia, la oferta de actividades físico-deportivas es la más demandada. En el exterior hay modalidades para cada época del año con una clara distinción entre deportes de invierno y de verano. Entre los de invierno el esquí de fondo además de suponer una exigente actividad física, es una forma habitual de desplazarse en Finlandia durante cuatro meses al año. Por otro lado la ubicación de los centros fuera de los cascos urbanos, la población dispersa y el gusto por vivir en casas individuales, exigen, especialmente a los adolescentes, caminar o usar la bicicleta como medio de transporte, ya que la administración solamente facilita transporte escolar cuando la distancia es superior a 5 km. Como ya se comentó es casi excepcional que los padres lleven a los alumnos al colegio a partir de 8 años y la bicicleta es la forma habitual para desplazarse al centro escolar, como se puede ver en la siguiente fotografía. Es normal recorrer de 5 a 10 km cada día para llegar al centro.

Fig. 9: *Bicicletas en el centro escolar de Kuokala (Jyväskylä).*

En el grupo de chicas de 13 años el 22,2% eran federadas, el 55,6% realizaban actividad física habitualmente y el 22,2% manifestaron realizar actividad física únicamente en las clases de Educación Física. Se observaron diferencias significativas en la mayoría de pruebas de fuerza, resistencia y velocidad entre activas y federadas en relación a las sedentarias, con una peor condición física de éstas últimas. Las actividades más habituales fueron el voleibol, otros deportes de equipo como el floorball (unihockey) muy popular en Escandinavia, fútbol y beisbol durante el verano. En actividades individuales bicicleta, gimnasia rítmica, aerobic y aero-dancing. También es muy habitual, incluso en chicas adolescentes salir a pasear (generalmente acompañadas por sus mascotas) o a correr. La red de senderos peatonales iluminados es inmensa y es normal ver a mucha gente paseando y haciendo jogging. Como se comentó, es la única forma de salir al exterior durante muchos meses del año. Los porcentajes en el resto de grupos de edad fueron los siguientes: Chicas de 14 años: Sedentarias 27,2% (frente al 73% en el centro Español), activas 41% y federadas 31,8%. Incluso las que dicen ser sedentarias muestran unos niveles de condición física aceptables, y las diferencias no son tan significativas como en España. Hubo diferencias significativas en flexibilidad y resistencia entre federadas y sedentarias; y en resistencia, entre federadas y activas. Los niveles en las pruebas son similares o ligeramente mejores que las chicas de 13 años, pero en ningún caso muestran una peor condición física como ocurrió en el centro Español. Los chicos se decantan por deportes de equipo, principalmente el fútbol, floorball, besibol finlandés en verano, y hockey sobre hielo, deporte rey en Finlandia, aunque la gama de actividades deportivas practicadas es muy amplia. En los chicos de 13 años, el 50% está federado, el 27,3 realizan actividad física habitualmente y el 22,7% sedentarios. Los de 14 años el 63,6% está federado, el 18,2 son activos y el 18,2 sedentarios. Las diferencias más importantes entre federados y activos y sedentarios se dan en las pruebas de resistencia y velocidad, y en algunas de fuerza. Las principales diferencias entre activos y sedentarios se dan en las pruebas de resistencia.

6.3. Comparación España – Finlandia en función de la edad y el género.

Los resultados globales se ofrecen en las tablas 5 y 6. Los resultados fueron mejores en flexibilidad y resistencia en los alumnos Finlandeses. Las mayores diferencias se dieron entre las chicas de 14 años, donde las diferencias fueron significativas en casi todas las variables estudiadas. El gran porcentaje de sedentarias entre las españolas, y su baja condición física propició estos resultados. En las chicas de 13 años las españolas presentan un mejor perfil en algunas pruebas de fuerza, agilidad y velocidad y las finlandesas en resistencia y flexibilidad. Entre los chicos las diferencias fueron menores. Las diferencias significativas se apreciaron en flexibilidad. En resistencia se observaron diferencias significativas en la prueba aeróbica máxima, pero no en la course navette y en la estimación del consumo máximo de oxígeno. También hubo diferencias significativas en salto de parado, agilidad 10 x 5. En velocidad los finlandeses obtuvieron mejores resultados sin diferencias significativas, y los españoles obtuvieron una mayor velocidad máxima, aunque tampoco hubo diferencias estadísticamente significativas. En relación a las pruebas de fuerza explosiva (protocolos de salto vertical), los finlandeses obtienen mejores resultados. Las mayores diferencias se dieron el el drop jump entre los chicos de 14 años. En el apartado siguiente se analizaran estas diferencias en función del nivel de práctica deportiva. Este análisis dará a conocer si las diferencias son debidas a un mejor perfil de condición física por parte de la población finlandesa estudiada, o a un menor índice de actividad física (hábitos más sedentarios) en la población española.

6.4. Comparación España-Finlandia nivel de actividad física Federados – Sedentarios

Se observa un descenso de las diferencias observadas a nivel general por edad y sexo entre ambos países (tabla 5) al comparar por nivel de actividad física entre los dos grupos estudiados (federados-federados, sedentarios-sedentarios). Tablas 6 y 7. En los federados, en todas las edades los españoles obtienen un mejor perfil en fuerza y velocidad, mientras que los finlandeses obtienen mejores resultados en flexibilidad y resistencia. Hubo menos diferencias estadísticamente significativas que al comparar amblas poblaciones de manera global en función de edad y género. En los sedentarios los resultados son mucho más heterogéneos y no se observaron diferencias significativas destacables en los diferentes grupos, excepto en las chicas españolas de 14 años. En este grupo incluso las sedentarias finlandesas presentan mejores resultados en las pruebas administradas con diferencias significativas en algunas pruebas de fuerza, velocidad y resistencia. En general se observa (siendo uno de los principales hallazgos de este estudio) que las diferencias en el perfil de condición física del grupo de Finlandia son debidas a una mayor práctica de actividad, estando este factor por encima de otros como motivación, genética, etc. Por lo tanto si el grupo estudiado en España practicase más actividad física las diferencias se minimizarían o desaparecerían. El problema es la escasa motivación e interés del 70% de chicas en España, ya que el 30% de sedentarios (grupo chicos) no es mucho mayor que el de Finlandia. En este sentido parece preciso iniciar estrategias de trabajo con este grupo hasta descender el nivel de sedentarismo del 70% a menos del 30%.

6.5. Datos del grupo control y entrenamiento

6.5.1. Resultados en España y seguimiento del programa.

En España el grupo de entrenamiento realizó el programa de entrenamiento por su cuenta, por lo que se valoró confeccionar una planilla para que anotaran el entrenamiento diario, aunque finalmente se decidió comprobarlo por medio de los tests post-entrenamiento, puesto que no había forma de comprobar si lo habían realizado o no. En futuras investigaciones pueden introducirse pulsómetros, GPS o seguimiento telemático por webcam que permitan comprobar si la actividad física ha sido o no realizada. En función de los nulos efectos observados tras el entrenamiento, pensamos que el programa por su cuenta no fue realizado o fue abandonado prematuramente. En general son alumnos sin mucho interés por la actividad física, por lo que es indispensable una persona experta y un programa presencial para que se lleve a cabo.

Como se observa en la tabla 8, el programa de entrenamiento no produjo mejoras significativas en ninguna de las cualidades estudiadas, en el grupo control (como era de esperar) pero tampoco en el grupo de estudio. Incluso hay alguna diferencia estadísticamente significativa en la que se obtienen peores resultados tras el periodo de entrenamiento. Este hecho puede deberse al no seguimiento del programa y a una menor motivación en las segundas pruebas.

6.5.2. Resultados en Finlandia y seguimiento del programa.

Al ser el programa presencial se pudo estudiar su seguimiento. En un principio 29 estudiantes decidieron formar parte del grupo de entrenamiento. De ellos 26 lo finalizaron. Dos personas abandonaron el programa por decisión propia en la segunda semana, y otra tuvo que abandonar por una rotura ósea (lesión) fuera del centro escolar. Por lo tanto el 89,66% logró finalizar el programa. De las 24 sesiones planificadas, tres por semana, se completaron 20 sesiones (las cuatro restantes coincidieron con fiestas, días de Semana Santa, primero de Mayo, etc.), lo que supuso una media de 2,5 sesiones por semana. Al coincidir la práctica con clases normales, en algunas ocasiones hubo faltas al coincidir con exámenes, pero la asistencia fue muy buena. Lógicamente hubo las habituales faltas por enfermedades normales en el ámbito laboral y escolar. Del total de sujetos y sesiones las ausencias siempre justificadas fueron del 6,12%. La valoración del seguimiento del programa es muy positiva por encima de las expectativas iniciales.

Como se observa en la tabla 9, el grupo control no mejoró los resultados, con un peor rendimiento (estadísticamente significativo) en la segunda prueba de resistencia, posiblemente debido a una peor motivación, como sucedió en España. En el grupo de entrenamiento, a diferencia del grupo de España, mejoraron todas las cualidades con diferencias significativas y bastante importantes en la prueba aeróbica máxima (resistencia), más aun si tenemos en cuenta la corta duración del programa. Este hecho también corrobora el poco seguimiento del programa prescrito a distancia en España, pues ambos programas eran idénticos. En el gráfico 2 se observa la evolución de la frecuencia cardiaca de un sujeto tras el entrenamiento en la prueba aeróbica máxima.

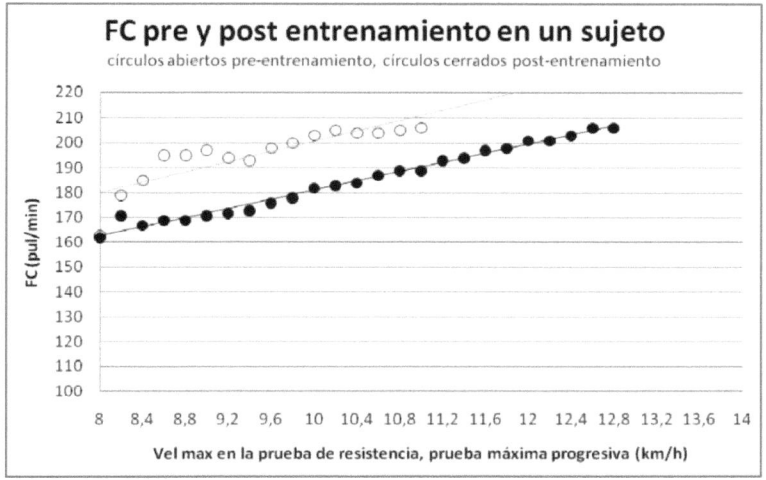

Gráfico 2

Se pone de manifiesto la importancia del profesor a la hora de motivar a los participantes y de prescribir el programa de entrenamiento. Por otro lado las mejoras de la velocidad final en la prueba aeróbica no implicaron peores resultados en las demás cualidades, especialmente las de fuerza explosiva y velocidad, obteniéndose mejores resultados aunque sin diferencias estadísticamente significativas en la segunda valoración. Estos resultados son lógicos si atendemos a los contenidos del programa basados en la cualidad aeróbica (resistencia aeróbica) y en la fuerza resistencia. El incremento de la velocidad final en la prueba aeróbica fue similar tanto en los sujetos con buenos resultados como en los que obtuvieron malos resultados en la primera valoración.

7. Correlaciones generales entre las distintas pruebas

7.1. Correlación Course-Navette – Prueba máxima progresiva: Se observó correlación entre ambas pruebas (r=0,93 p<0,01), con la relación siguiente CNVmax= 0,6103 ResistVmax + 3,9623. Los sedentarios con tiempos de duración por debajo de 4 o 5 minutos en ambas pruebas suelen conseguir una velocidad mayor final en la course navette, debido al mayor incremento de esta prueba entre periodos (0,5 km/h), ya que la dificultad más que la velocidad es la incapacidad de correr más de 5 minutos aunque sea a un ritmo más bajo. De todas formas la mayoría de sujetos evaluados consiguen una velocidad mayor en la prueba de resistencia, debido a la inexistencia de giros y aceleraciones desaceleraciones continuas como sucede en la course navette. Parece lógico pensar que la velocidad final en la prueba de resistencia debe aproximarse más a la velocidad aeróbica máxima que en la course navette, al ser una carrera progresiva sin giros. Este hecho facilitaría la prescripción de programas de entrenamiento individualizados a partir de porcentajes de velocidad en función de la velocidad máxima alcanzada en la prueba.

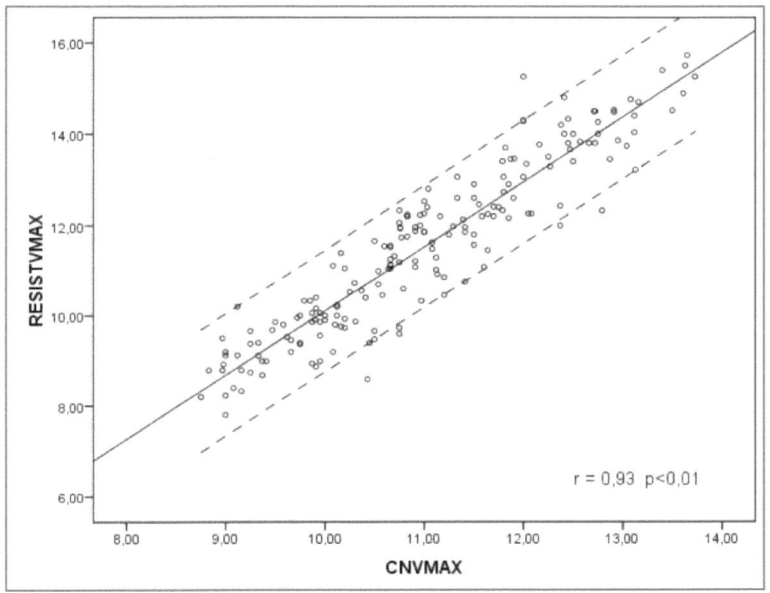

Gráfico 3. Velocidad máxima alcanzada en km/h en la prueba aeróbica máxima y la course navete en 191 participantes.

7.2. Correlación cualidades: Al estudiar las correlaciones entre las distintas pruebas en todos los sujetos evaluados (España – Finlandia), se observaron correlaciones entre la mayoría de ellas (un buen resultado en una de las pruebas suele ir acompañado de buenos resultados en el resto y viceversa). Lógicamente se observan mejores correlaciones entre las distintas pruebas de fuerza y las de resistencia. En las pruebas de velocidad, especialmente en el tiempo en 30 metros, se observaron buenas correlaciones con las pruebas de fuerza explosiva y la de velocidad acíclica (10 x 5 m). Ésta prueba, a su vez, correlacionó con las pruebas de fuerza explosiva de las extremidades inferiores. La flexibilidad apenas correlacionó con el resto salvo ligeramente con el porcentaje de elasticidad de la prueba de salto.

8. Conclusiones

1. Se pone de manifiesto un mayor interés y motivación hacia las actividades físico-deportivas por parte del alumnado finlandés. Entre las causas los factores sociales, culturales y climáticos parecen tener un papel importante.

2. El porcentaje de sedentarios en la población estudiada en España es muy superior al de la población estudiada en Finlandia especialmente entre las chicas.

3. Los niveles de condición física en los estudiantes finlandeses estudiados son mejores en general que en los españoles, sin embargo, las diferencias se minimizan o desaparecen al comparar ambas poblaciones en función de la práctica de actividad física desarrollada (federados, activos y sendentarios).

4. El programa de entrenamiento presencial resultó ser efectivo, mejorando la condición física de los participantes, especialmente la cualidad aeróbica. Por el contrario, el programa a distancia no produjo ninguna mejoría en las variables analizadas.

5. El incremento significativo de la velocidad final en la prueba aeróbica máxima no repercutió negativamente en el desarrollo del resto de cualidades, especialmente las de fuerza y velocidad, aunque los incrementos de las mismas no fueron tan importantes como el de la primera, algo lógico si analizamos los contenidos del programa de entrenamiento.

9. Posibles aplicaciones didácticas de la investigación al contexto escolar

En esta investigación se pone de manifiesto el incremento de hábitos sedentarios en la población de estudio en España con el consecuente incremento de sobrepeso y obesidad y el deterioro de la condición física. Comparativamente el problema es mucho menor en Finlandia, a pesar de ello en dicho país, las autoridades ya han comenzado a actuar. Este estudio, al igual que otros, demuestra la poca efectividad de los programas de actividad física a distancia, haciéndose imprescindible la presencia de un profesor. Como novedad el incluir el programa dentro de las horas de clase, aunque complejo, resultó ser efectivo y favoreció el seguimiento del programa. Este estudio debe servir para aplicar programas semejantes en grupos poblacionales con elevados índices de sedentarismo. Se aconseja pasar una encuesta al principio para dividir entre sedentarios, activos y federados, para posteriormente administrar unas pruebas de condición física. Sería conveniente que la administración unificara estas pruebas. Según la encuesta y los resultados de las pruebas se iniciaría una rueda de entrevistas con los alumnos y alumnas sedentarios cuyos niveles de condición física sean bajos y puedan suponer un riesgo presente y/o futuro para su salud.

10. Medidas adicionales que se podrían implementar

- Incluir una asignatura obligatoria de Educación para la salud en la enseñanza obligatoria.

- Crear programas especiales, similares al realizado en Finlandia de 6 a 8 semanas para que grupos de sedentarios puedan incorporarse a la práctica de actividad física. Para las chicas, mayor grupo de riesgo, se podrían ofertar actividades en el propio horario escolar de 2 o 3 horas a la semana y una duración de entre 6 y 10 semanas. Si se rotan las horas (semana 1 primera hora, semana 2 segunda hora, etc.) la interferencia con el resto de asignaturas sería mínimo. El hecho de cambiar una hora de clase por una hora de actividad física puede ser un elemento motivador para el alumnado. Como se ha dicho serían programas cortos de 6 a 8 semanas, que implicarían una mejora del nivel de condición física, similar a la observada en el presente estudio. Habría que buscar contenidos atractivos para estos grupos específicos.

11. Bibliografía

Biddle, S.; Mutrie, N. *Psychology of Physical Activity: Determinants, Well-being and Interventions.* London: Routledge; 2001.

Brewer J, Ramsbottom R, Williams C. Multistage fitness test. Leeds. National Coaching Foundation, 1988.

Brownson RC, Housemann RA, Brown DR, Jackson-Thompson. Promoting physical activity in rural communities: Walking trial access, use, and effects. *Am J Prev Med.* 2000;18:235–241.

Clemmens D, Hayman LL. Increasing activity to reduce obesity in adolescent girls: A research review. *J Obstet Gynecol Neonatal Nurs.* 2004;33:801–808.

Conconi F, Ferrari M, Ziglio PG, Droghetti P, Codeca L. Determination of the anaerobic threshold by a noninvasive field test in runners. J Appl Physiol 1982;52: 869-873.

Conconi F, Grazzi G, Casoni I, Guglielmini C, Borsetto C, Ballarin E, Mazzoni G, Patracchini M, Manfredini F. The Conconi test: methodology after 12 years of application Int J Sports Med. 1996;17:509-519.

Courneya KS, Bobic TM. Integrating the theory of planned behavior with the processes and stages of change in the exercise domain. *Psychol Sport Exerc.* 2000;1:41–56.

De Bourdeadhuij I, Philippaerts R, Crombez G, Matton L, Wijndaele K, Balduck AL, Lefevre J. Stages of change for physical activity in a community sample of adolescents. *Health Educ Res.* 2004;21:357–366.

Dzewaltowski DA, Estabrooks PA, Glasgow RE. The future of physical activity behavior change research: What is needed to improve translation of research into health promotion practice? *Exercise &*

Sport Sciences Reviews. 2004;32:57–63.

Earney J, de Graaf C, Damkjaer S, Engstrom LM. Stages of change towards physical activity in a nationally representative sample in the European Union. *Public Health Nutr.* 1999;2:115–124.

Flohr JA, Todd MK, Tudor-Locke C. Pedometer-assessed physical activity in young adolescents. Res Q Exerc Sport. 2006 Sep;77(3):309-15.

Flouris AD, Metsios GS, Koutedakis Y. Enhancing the efficacy of the 20m multistage shuttle run test. Br J Sports Med 2005;39:166-170.

Frenn M, Malin S, Bansal KN. Stage-Based Interventions for Low-Fat Diet With Middle School Students. *J Ped Nur.* 2003;18:36–45. doi: 10.1053/jpdn.2003.6.

Garcia AW, Norton M A, Frenn M, Coviak C, Pender NJ, Ronis DL. Gender and developmental differences in exercise beliefs among youth and prediction of their exercise behavior. *J Sch Health.* 1995;65:231–219.

Garcia AW, George TR, Coviak C, Antonakos C, Pender NJ. Development of the child/adolescent activity log: A comprehensive and feasible measure of leisure-time physical activity. *Int J Behav Med.* 1997;4:323–338.

Haerens L, DE Bourdeaudhuij I, Maes L. School-Based Randomized Controlled Trial of a Physical Activity Intervention amongAdolescents.*JAdolescHealth.*2007;40:258–265.

Jago R, Baranowski T. Non-curricular approaches for increasing physical activity in youth: A review. *Prev Med.* 2004;39:157–163.

Kahn EB, Ramsey LT, Brownson RC, Heath GW, Howze EH, Powell KE, Stone EJ, Rajab MW, Corso P. The effectiveness of interventions to increase physical activity. *Am J Pre Med.* 2002;22:73–107.

Léger L, Boucher R. An indirect continuous running multistage field test: the Université de Montreal Track Test. Can J Appl Sports Sci 1980;5:77-84.

Léger L, Lambert J. A maximal 20-m shuttle run test to predict VO2 máx. Eur J Appl Physiol 1982;49:1-12.

Léger L, Rouillard M. Speed reliability of cassette and tape players. Can J Appl Sport Sci 1983;8:47-48.

Léger L, Lambert J, Goulet A, Rowan C, Dinelle Y. Aerobic capacity of 6 to 17 years-old Quebecois-20 meter shuttle run test with 1 minute stages. Can J Sport Sci 1984;9:64-69.

Léger L, Mercier D, Gadoury C, Lambert J. The multistage 20 metres shuttle run test for aerobic fitness. J Sports Sci 1988;6:93-101.

Léger L, Tokmakidis S. Use of Herat rate deflection point to assess the anaerobic threshold. Letter to the editor. J Appl Physiol 1988b;64:1758-1760.

Léger L, Gadoury C. Validity of the 20 m shuttle run test with 1 min stages to predict VO2max in adults. Can J Sport Sci. 1989;14:21-26.

Lubans DR, Morgan PJ. Social, psychological and behavioural correlates of pedometer step counts in a sample of Australian adolescents. J Sci Med Sport. 2007 Sep 18.

Lubans D, Morgan P. Evaluation of an extra-curricular school sport programme promoting lifestyle and lifetime activity for adolescents. J Sports Sci 2008;26(5):519-29.

Lubans D, Sylva K. Controlled Evaluation of a Physical Activity Intervention for Senior School Students: Effects of the lifetime Activity Program. *J SP & Ex Psych.* 2006;28:252–268.

Marshall S, Biddle S. The Transtheoretical model of behavior change: a meta-analysis of applications to physical activity and exercise. *Ann Behav Med.* 2001;23:229–146.

Philippaerts, R.;Matton, L.;Wijndaele, K.;De Bourdeaudhuij, I.;Taks, M.; Lefevre, J. Reliability and validity of a computer-assisted physical activity questionnaire for 12- to 18-year old boys and girls. *Proceedings of the 8th Annual Congress European College of Sport Science:July 9–13 2003; Salzburg.* 2003. p. 214.

Prochaska JO, Velicer WF. The Transtheoretical model of health behavior change. *Am J Health Promot.* 1997;12:38–48.

Rhodes R, Berry TR, Naylor PJ, Wharf-Higgins J. Three-step validation of physical activity processes of change in an adolescent sample. *Measurement in Physical Education and Exercise Science.* 2004;8:1–20.

Robbins LB, Gretebeck KA, Kazanis AS, Pender NJ. Girls on the move program to increase physical activity participation. Nurs Res. 2006;55(3):206-16.

Rodríguez Martín A, Martínez Nieto JM, Novalbos Ruiz JP, Ruiz Jiménez MA, Jiménez Benítez D. Ejercicio físico y hábitos alimentarios: Un estudio en adolescentes de Cádiz. Rev Esp Salud Pública 1999;73:81-87

Rowland TW. Adolescence: a'risk factor' for physical inactivity. *President's Council on Physical Fitness and Sports Research Digest.* 1999;3:1–8.

Saksvig BI, Catellier DJ, Pfeiffer K, Schmitz KH, Conway T, Going S, Ward D, Strikmiller P, Treuth MS. Travel by walking before and after school and physical activity among adolescent girls. Arch Pediatr Adolesc Med. 2007;161(2):153-8.

Sallis JF, Prochaska JJ, Taylor WC. A review of correlates of physical activity of children and adolescents. *Med Sic Sports Exerc.* 2000;32:963–75.

Sallis JF: Age-related decline in physical activity: a synthesis of human and animal Studies. Med Sci Sports Exerc 2000; 32:1598-1600.

Sallis JF, Conway TL, Prochaska JJ, McKenzie TL, Marshall SJ, Brown M. The association of school environment with youth physical activity. *Am J Public Health.* 2001;91:618–20.

Schofield L, Mummery WK, Schofield G. Effects of a controlled pedometer-intervention trial for low-active adolescent girls. *Med*

Sci Sports Exerc. 2005;37:1414–1420.

Stone EJ, McKenzie TL, Welk GJ, Booth ML. Effects of physical activity interventions in youth: Review and synthesis. *Am J Pre Med.* 1998;15:298–315.

Story M, Sherwood NE, Himes JH, Davis M, Jacobs DR Jr, Cartwright Y, Smyth M, Rochon J. An after-school obesity prevention program for African-American girls: the Minnesota GEMS pilot study. Ethn Dis. 2003;13:54-64.

Strycker LA, Duncan SC, Chaumeton NR, Duncan TE, Toobert DJ. Reliability of pedometer data in samples of youth and older women. Int J Behav Nutr Phys Act. 2007 Feb 17;4:4.

Strong WB, Malina RM, Blimkie CJ, Daniels SR, Dishman RK, Gutin B, Hergenroeder AC, Must A, Nixon PA, Pivarnik JM, Rowland T, Trost S, Trudeau F. Evidence based physical activity for school-age youth. J Pediatr 2005;146:732-737.

Taymoori P, Niknami S, Berry T, Lubans D, Ghofranipour F, Kazemnejad A. A school-based randomized controlled trial to improve physical activity among Iranian high school girls. Int J Behav Nutr Phys Act. 2008;3:5:18.

Van Sluijs EMF, Van Poppel MNM, Twisk JWR, Brug J, Mechelen V. The Positive effect on determinants of physical activity of a tailored, general practice-based physical activity intervention. *Health Educ Res.* 2005;20:345–356.

Ward DS, Saunders R, Felton GM. Implementation of a school environment intervention physical Neumark SD, Story M, Hannan PJ, Rex J. New Moves: A school-based obesity prevention program for adolescent girls. *Preventive medicine.* 2003;37:41–51.

Webber LS, Catellier DJ, Lytle LA, Murray DM, Pratt CA, Young DR, Elder JP, Lohman TG, y col. Promoting physical activity in middle school girls: Trial of Activity for Adolescent Girls. Am J Prev Med. 2008Mar;34(3):173-84.

Wechsler H, Devereaux RS, Davis M, Collins J. Using the school environment to promote physical activity and healthy eating. *Preventive Medicine.* 2000;31:S121–S137.

Wood C, Mutrie N, Scott M. Physical activity intervention: a Transtheoretical Model-based intervention designed to help sedentary young adults become active. *Health Educ Res.* 2002;17:451–460.

ANEXO I

TABLAS

Tabla 1. Resultados medios generales por edad y sexo en España.

TESTS	Todos (n=107) Media	DS	Chicas (n=42) Media	DS	Chicos (n=65) Media	DS	Chicas 13 (n=26) Media	DS	Chicas 14 (n=13) Media	DS	Chicos 13 (n=48) Media	DS	Chicos 14 (n=17) Media	DS
Peso (kg)	59.22	13.23	55.64	12.82	61.62*	13.06	55.46	12.62	50.83	11.72	62.53	12.79	58.72	13.79
Talla (m)	1.63	0.09	1.59	0.07	1.66*	0.09	1.60	0.08	1.57	0.05	1.68	0.08	1.59	0.09
IMC	22.14	4.08	21.92	4.07	22.29	4.11	22.70	3.88	20.64	4.14	22.00	3.76	23.10	5.01
Balón Medicinal 3kg (kg)	4.99	1.39	4.08	0.96	5.59*	1.29	4.18	1.10	3.84	0.58	5.81	1.27	4.97	1.16
S Longitud parado (m)	1.57	0.33	1.33	0.20	1.73*	0.30	1.31	0.22	1.39	0.17	1.76	0.30	1.64	0.29
SJ (cm)	23.70	6.42	20.24	5.05	25.93*	6.24	19.29	5.28	22.23	4.25	26.42	6.23	24.59	6.25
CMJ (cm)	26.80	6.67	22.81	5.06	29.38*	6.34	21.89	5.49	24.69	3.88	29.73	6.31	28.41	6.50
% Elasticidad	11.58	4.84	11.27	5.23	11.73	4.65	11.91	5.14	9.97	5.96	11.14	4.60	13.46	4.52
DJCT (ms)	351.46	92.45	357.40	99.59	347.62	88.12	336.64	89.98	405.62	109.43	330.92	83.95	394.76	84.61
DJFT (ms)	427.19	63.02	390.67	52.40	450.78*	58.12	380.96	54.86	415.54	38.67	451.60	59.47	448.47	55.79
DJH (cm)	22.86	6.61	19.05	4.96	25.32*	6.39	18.16	5.17	21.34	3.77	25.43	6.56	25.02	6.07
DJP (w/kg)	23.81	6.45	20.45	4.62	25.97*	6.57	20.42	5.23	20.78	3.21	26.75	6.87	23.78	5.19
Salto libre (cm)	30.71	7.74	25.88	5.39	33.83*	7.43	25.07	5.86	27.77	4.04	34.69	6.99	31.41	6.32
Flex (cm)	15.23	7.19	16.67	7.38	14.31	6.96	15.89	7.81	18.08	6.68	14.21	6.58	14.59	8.14
Resistencia Vmax (km/h)	11.11	1.62	9.68	1.00	12.04*	1.62	9.64	1.03	9.77	1.00	12.21	1.69	11.56	1.36
Resistencia FCmax (pul/min)	201.2	9.2	198.9	10.8	202.63*	7.7	197.79	10.26	200.92	12.27	203.23	7.28	200.94	8.78
Course Navette Vmax (km/h)	10.75	1.20	9.85	0.68	11.34*	1.10	9.85	0.65	9.78	0.72	11.44	1.12	11.05	1.01
VO2max Est Léger (ml/kg/min)	36.70	7.21	31.26	4.08	40.21*	6.58	31.21	3.80	31.36	4.45	40.83	6.72	38.47	6.07
VO2max Est Flouris (ml/kg/min)	33.64	7.49	27.92	4.23	35.29*	7.73	28.00	4.07	27.79	4.71	38.00	7.01	35.47	6.45
Course Navette FCmax (pul/min)	200.3	8.4	195.9	8.4	203.17*	7.1	194.11	7.31	199.23	9.89	202.81	6.90	204.18	7.68
Agilidad (s)	19.182	2.136	20.342	1.900	18.460*	1.973	20.289	2.032	20.298	1.754	18.216	1.859	19.153	2.177
Tiempo 10m (s)	2.158	0.383	2.342	0.522	2.040*	0.179	2.408	0.606	2.205	0.135	2.003	0.152	2.143	0.213
Tiempo 30m (s)	5.344	0.679	5.782	0.638	5.061*	0.543	5.859	0.720	5.609	0.421	4.946	0.454	5.385	0.652
Velocidad Max (m/s)	7.14	1.13	6.50	0.86	7.56*	1.10	6.43	0.93	6.69	0.72	7.69	1.06	7.18	1.14
Velocidad max (km/h)	25.71	4.08	23.38	3.11	27.20*	3.95	23.14	3.35	24.07	2.58	27.69	3.82	25.84	4.10

Tabla 2. Resultados medios generales por práctica de actividad física en España.

TESTS	Chicas 14 años		Chicas 13 años		Chicos 14 años			Chicos 13 años	
	Fed (n=6)	Sed (n=22)	Fed (n=5)	Sed (n=9)	Fed (n=8)	Activos (n=25)	Sed (n=15)	Fed (n=9)	Sed (n=8)
Balón Medicinal 3kg (kg)	4,93*	3,98	4,26*	3,57	6,20	6,20	5,58	5,62*	4,24
S Longitud parado (m)	1,55*	1,24	1,43	1,37	1,98*	1,798&	1,57	1,77	1,50
SJ (cm)	25,50*	17,60	23,60	21,30	31,60#	27,50&	21,90	27,40*	21,40
CMJ (cm)	28,00*	20,20	26,00	23,90	35,00#	30,50&	25,30	31,40*	26,00
% Elasticidad	8,90	13,00	9,20	10,70	9,60	9,80	13,50	12,70	14,50
DJ Tiempo contacto/ms	343,70	334,70	399,80	388,40	374,40	300,20	324,20	389,00	401,30
DJ Tiempo vuelo (ms)	449,30*	362,30	436,00	395,70	501,40*	443,00&	402,20	476,30*	418,30
DJ Altura (cm)	24,80*	16,30	23,40	19,40	31,00*	24,20&	20,20	27,90*	21,80
DJ Potencia (w/kg)	26,10*	18,90	19,00	19,60	28,70*	27,10&	22,30	26,00	21,30
Salto libre (cm)	32,00*	23,20	30,20*	26,00	40,60*#	34,70&	30,40	35,30*	27,00
Flex (cm)	17,30	15,50	19,20	17,70	13,80	14,20	12,60	15,80	13,30
Resistencia Vmax (km/h)	10,96*	9,28	10,35	9,44	13,71*	12,50&	10,47	12,33*	10,71
Resistencia FCmax (pul/min)	201,00	196,90	195,00	204,10	204,80	206,00	200,30	200,60	201,40
Course Navette Vmax (km/h)	10,64*	9,63	10,18	9,66	12,51#	11,40&	10,37	11,65*	10,38
VO$_{2max}$ Est Léger (ml/kg/min)	37,03*	30,39	33,70	29,12	47,65*#	43,08&	34,80	42,48*	34,90
VO$_{2max}$ Est Flours (ml/kg/min)	34,01*	27,02	30,51	25,68	45,20*#	40,38&	31,66	39,75*	31,76
Course Navette FCmax (pul/min)	187,20	193,30	198,40	200,10	203,40	201,50	200,90	202,60	206,00
Agilidad (s)	18,517*	20,773	19,091*	21,000	16,761*#	17,949&	19,397	18,026*	20,421
Tiempo 10m (s)	2,078*	2,498	2,110*	2,276	1,903*	1,950&	2,107	2,019*	2,283
Tiempo 30m (s)	5,158*	6,050	5,322*	5,813	4,674*	4,809&	5,269	4,993*	5,825
Velocidad Max (m/s)	7,59*	6,11	7,26*	6,40	8,22*	7,78&	6,80	7,81*	6,47
Velocidad max (km/h)	27,33*	22,00	26,12*	23,05	29,59*	28,01&	24,49	28,12*	23,28

* Diferencia significativa Federados-Sedentarios
# Diferencia significativa Federados-Activos
& Diferencia significativa Activos-Sedentarios p<0,05
Prueba estadística prueba no paramétrica de Kruskal-Wallis, para K muestras independientes

Tabla 3. Resultados medios generales por edad y sexo en Finlandia.

TESTS	Todos (n=84)		Chicas (n=40)		Chicos (n=44)		Chicas 14 (n=22)		Chicas 13 (n=18)		Chicos 14 (n=22)		Chicos 13 (n=22)	
	Media	DS	Media	DS	Media	DS	Media	DS	Media	DS	Media	DS	Media	DS
Balón Medicinal 3kg (kg)	5.01	1.29	4.18	0.86	5.79*	1.14	4.27	0.94	4.08	0.75	6.30	1.15	5.25	0.83
S Longitud parado (m)	1.75	0.33	1.56	0.24	1.94*	0.31	1.52	0.25	1.62	0.21	2.03	0.30	1.84	0.29
SJ (cm)	24.58	5.95	21.68	4.30	27.23*	6.05	22.68	4.30	20.40	4.10	29.32	5.17	25.14	6.15
CMJ (cm)	26.88	6.07	23.85	4.91	29.64*	6.16	24.86	4.27	22.60	4.10	31.86	5.07	27.41	6.35
% Elasticidad	8.79	4.91	9.29	5.05	8.34	4.80	8.94	5.07	9.70	5.10	8.14	5.10	8.54	4.45
DJCT (ms)	328.05	110.66	337.08	109.29	319.84	112.52	371.77	112.57	294.67	91.03	313.00	102.98	326.68	121.30
DJFT (ms)	442.11	62.36	411.58	52.91	469.86*	57.54	422.68	41.37	398.00	62.89	483.64	45.36	456.09	65.01
DJH (cm)	24.44	6.55	21.11	5.10	27.47*	6.28	22.11	4.32	19.88	5.82	28.93	5.10	26.00	7.01
DJF (w/kg)	26.94	8.30	23.35	5.82	30.20*	8.91	22.79	4.90	24.04	6.86	31.71	7.82	28.66	9.67
Salto libre (cm)	30.43	6.89	27.40	4.87	33.18*	7.33	28.18	4.26	26.44	5.51	35.86	6.41	30.50	7.22
Flex (cm)	26.05	8.28	28.66*	7.57	23.62	8.25	28.34	9.13	29.10	5.10	23.93	8.46	23.31	8.01
Resistencia Vmax (km/h)	12.01	1.82	11.01	1.42	12.89*	1.69	10.62	1.33	11.46	1.41	13.14	1.38	12.64	1.92
Resistencia FCmax (pul/min)	200.07	8.36	198.82	9.21	201.18	7.44	195.67	9.97	202.50	6.81	206.14	6.53	202.23	8.16
Course Navette Vmax (km/h)	11.33	1.16	10.75	0.77	11.84*	1.22	10.81	0.62	10.68	0.94	11.96	1.08	11.72	1.34
VO₂max Est Léger (ml/kg/min)	40.57	7.00	37.10	4.67	43.64*	7.32	37.45	3.73	36.70	5.66	44.38	6.47	42.90	8.05
VO₂max Est Fleurs (ml/kg/min)	37.74	7.37	34.09	7.30	40.97*	7.71	34.46	3.92	33.66	5.96	41.75	6.82	40.19	8.47
Course Navette FCmax (pul/min)	200.00	7.40	197.92	6.18	201.84*	7.97	196.43	6.04	199.67	6.03	201.77	6.64	201.91	9.15
Agilidad (s)	18.340	2.160	19.563	1.820	17.229*	1.840	18.809	1.223	20.485	2.048	17.083	2.199	17.375	1.335
Tiempo 10m (s)	2.157	0.180	2.242	0.141	2.081*	0.186	2.226	0.125	2.261	0.160	1.987	0.153	2.174	0.168
Tiempo 30m (s)	5.259	0.530	5.513	0.430	5.028*	0.514	5.448	0.353	5.593	0.509	4.777	0.350	5.279	0.531
Velocidad Max (m/s)	6.85	0.77	6.50	0.65	7.17*	0.74	6.73	0.52	6.22	0.70	7.50	0.65	6.83	0.68
Velocidad max (km/h)	24.66	2.80	23.39	2.36	25.80*	2.69	24.24	1.88	22.39	2.52	27.01	2.33	24.58	2.47

* Diferencia significativa entre chicos (n=44) y chicas (n=40) p<0.05
Prueba estadística prueba T de Student (t-Test) de comparación de medias, para muestras independientes

Tabla 4. Resultados medios generales por práctica de actividad física en Finlandia.

TESTS	Chicas 14 años			Chicas 13 años			Chicos 14 años			Chicos 13 años		
	Fed (n=7)	Act (n=9)	Sed (n=6)	Fed (n=4)	Act (n=10)	Sed (n=4)	Fed (n=8)	Act (n=25)	Sed (n=15)	Fed (n=11)	Act (n=6)	Sed (n=5)
Balón Medicinal 3kg (kg)	5,07#	3,74	4,19	4,30	4,00	4,03	6,88#	5,21	5,35	5,32	4,84	4,96
S Longitud parado (m)	1,63*	1,44	1,49	1,66	1,668	1,41	2,19*#	1,77	1,68	1,95	1,80	1,64
SJ (cm)	24,66	22,30	21,33	22,00*	21,78	15,75	28,75	28,75	24,25	28,09*	23,83	20,20
CMJ (cm)	26,50	24,50	23,83	23,75	24,208	17,50	30,92*	33,258	26,00	30,18*	26,50	22,40
% Elasticidad	7,46	8,92	10,46	7,52	10,66	9,45	7,00	13,32	6,95	6,70	10,85	9,78
DJ Tiempo contacto(ms)	394,00	397,00	306,00	224,00	294,00	336,50	310,07	329,25	307,00	291,36	306,50	428,60
DJ Tiempo vuelo (ms)	449,83	417,70	403,00	419,00	412,00	341,00	504,78#	459,25	434,00	476,36	430,66	442,00
DJ Altura (cm)	24,96	21,57	20,1	21,72	21,15	14,87	31,34*#	25,95	23,45	28,10	23,59	24,30
DJ Potencia (w/kg)	24,31	21,64	23,15	29,32*	24,81	16,82	34,13	28,22	26,82	32,66*	26,16	22,86
Salto libre (cm)	30,16	27,70	27,00	27,75	28,008	21,25	38,14*	35,25	28,50	33,36*	30,66	24,00
Flex (cm)	34,62*	27,53	22,39	31,05	27,76	30,40	24,36	26,308	18,06	26,75#	17,61	22,56
Resistencia Vmax (km/h)	12,08#	10,23	9,64	12,46*	11,898	9,38	13,91*#	12,588	10,97	14,04*#	11,93	10,40
Resistencia FCmax (pul/min)	200,33	198,70	196,00	202,76	203,90	198,75	199,67	199,50	202,76	205,00	198,33	200,80
Course Navette Vmax (km/h)	11,30*	10,77	10,26	11,22*	11,008	9,34	12,56#	11,418	10,41	12,59#	11,25	10,34
VO2max Est Léger (ml/kg/min)	40,45*	37,25	34,2	39,92*	38,638	28,64	47,96*#	41,108	35,10	48,14*#	40,12	34,67
VO2max Est Flours (ml/kg/min)	37,61*	34,25	31,04	37,05*	36,698	25,17	48,52*#	38,308	31,99	45,71*#	37,26	31,53
Course Navette FCmax (pul/min)	196,28	196,12	197,00	199,50	201,50	195,25	201,14	201,25	204,50	203,54	200,16	200,40
Agilidad (s)	18,276	18,785	19,382	19,206*	20,1118	22,695	18,746	18,746	19,326	16,964*	17,067	18,657
Tiempo 10m (s)	2,210	2,220	2,249	2,199*	2,2038	2,466	1,941*	2,013	2,121	2,099*	2,160	2,354
Tiempo 30m (s)	5,408	5,451	5,482	5,251*	5,4068	6,290	4,650*	4,868	5,127	5,021*	5,264	5,864
Velocidad Max (m/s)	6,85	6,71	6,71	6,51*	6,458	5,34	7,70	7,38	6,92	7,21*	6,76	6,06
Velocidad max (km/h)	24,67	24,16	24,16	23,45*	23,238	19,22	27,72	26,59	24,94	25,95*	24,35	21,84

* Diferencia significativa Federados-Sedentarios . En negrita mejor marca de cada categoría

Diferencia significativa Federados-Activos

& Diferencia significativa Activos-Sedentarios p<0,05

Prueba estadística prueba no paramétrica de Kruskal-Wallis, para K muestras independientes

Tabla 5: Comparación resultados España y Finlandia. Resultados medios según sexo y edad.

TESTS	Chicas 14 años		Chicas 13 años		Chicos 14 años		Chicos 13 años	
	España	Finland	España	Finland	España	Finland	España	Finland
Balón Medicinal 3kg (kg)	4,18	4,27	3,84	4,08	5,81	6,30	4,97	5,25
S Longitud parado (m)	1,31	1,52*	1,39	1,62*	1,76	2,03*	1,64	1,84*
SJ (cm)	19,29	22,68*	22,23	20,40	26,42	29,32	24,59	25,14
CMJ (cm)	21,89	24,86*	24,69	22,60	29,73	31,86	28,41	27,41
% Elasticidad	11,91*	8,94	9,97	9,70	11,14*	8,14	13,46*	8,54
DJ Tiempo contacto(ms)	336,64	371,77	405,62	294,67*	330,92	313,00	394,76	326,68
DJ Tiempo vuelo (ms)	380,96	422,68*	415,54	398,00	451,60	483,64*	448,47	456,09
DJ Altura (cm)	18,16	22,11*	21,34	19,88	25,43	28,93*	25,02	26,00
DJ Potencia (w/kg)	20,42	22,79	20,78	24,04*	26,75	31,71*	23,78	28,66
Salto libre (cm)	25,07	28,18*	27,77	26,44	34,69	35,86	31,41	30,50
Flex (cm)	15,89	28,34*	18,08	29,1*	14,21	23,93*	14,59	23,31*
Resistencia Vmax (km/h)	9,64	10,62*	9,77	11,46*	12,21	13,14*	11,56	12,64*
Resistencia FCmax (pul/min)	197,79	195,67	200,92	202,50	203,23	200,14	200,94	202,23
Course Navette Vmax (km/h)	9,85	10,81*	9,78	10,68*	11,44	11,96	11,05	11,72
VO_{2max} Est Léger (ml/kg/min)	31,21	37,45*	31,36	36,70*	40,83	44,38	38,47	42,90
VO_{2max} Est Flouris (ml/kg/min)	28,00	34,46*	27,79	33,66*	38,00	41,75	35,47	40,19
Course Navette FCmax (pul/min)	194,11	196,43	199,23	199,67	202,81	201,77	204,18	201,91
Agilidad (s)	20,289	18,809*	20,298	20,485	18,216	17,083*	19,153	17,375*
Tiempo 10m (s)	2,408	2,226	2,205	2,261	2,003	1,987	2,143	2,174
Tiempo 30m (s)	5,859	5,448*	5,609	5,593	4,946	4,777	5,385	5,279
Velocidad Max (m/s)	6,43	6,73	6,69	6,22	7,69	7,50	7,17	6,83
Velocidad max (km/h)	23,14	24,24	24.07	22,39	27,69	27,01	25,84	24,58

* Diferencia significativa p<0.05
Prueba estadística: prueba T de Student (t-Test) de comparación de medias, para muestras independientes

Tabla 6: Comparación resultados federados de España y Finlandia.

Resultados medios según la edad.

TESTS	Chicas 14 años		Chicas 13 años		Chicos 14 años		Chicos 13 años	
	Finlandia	España	Finlandia	España	Finlandia	España	Finland	España
	(n=7)	(n=6)	(n=4)	(n=5)	(n=8)	(n=8)	(n=11)	(n=9)
Balón Medicinal 3kg (kg)	5,07	4,93	4,30	4,26	6,88	8,20	5,32	5,62
S Longitud parado (m)	1,63	1,55	1,66	1,43	2,19	1,98	1,95	1,77
SJ (cm)	24,66	25,50	22,00	23,60	30,92	31,60	28,09	27,40
CMJ (cm)	26,50	28,00	23,75	26,00	33,14	35,00	30,18	31,40
% Elasticidad	7,46	8,90	7,52	9,20	7,00	9,60	6,70	12,70
DJ Tiempo contacto(ms)	394,00	343,70	224,00*	399,80	310,07	374,40	291,36*	389,00
DJ Tiempo vuelo (ms)	449,83	449,30	419,00	436,00	504,78	501,40	476,36	475,30
DJ Altura (cm)	24,96	24,80	21,72	23,40	31,34	31,00	28,10	27,90
DJ Potencia (w/kg)	24,31	26,10	29,32*	19,00	34,13	28,70	32,66	26,00
Salto libre (cm)	30,16	32,00	27,75	30,20	38,14	40,60	33,36	35,30
Flex (cm)	34,62*	17,30	31,05	19,20	24,36*	13,80	26,75*	15,80
Resistencia Vmax (km/h)	12,08*	10,96	12,46*	10,35	13,91	13,71	14,04*	12,33
Resistencia FCmax (pul/min)	200,33	201,00	202,75	195,00	199,57	204,80	205,00	200,60
Course Navette Vmax (km/h)	11,30	10,64	11,22	10,18	12,56	12,51	12,59*	11,65
VO2max Est Léger (ml/kg/min)	40,45	37,03	39,92	33,70	47,96	47,65	48,14*	42,48
VO2max Est Flouris (ml/kg/min)	37,61	34,01	37,05	30,51	45,52	45,20	45,71*	39,75
Course Navette FCmax (pul/min)	196,28	197,20	199,50	198,40	201,14	203,40	203,54	202,60
Agilidad (s)	18,276	18,517	19,206	19,091	15,966	16,761	16,964*	18,026
Tiempo 10m (s)	2,210	2,078*	2,199	2,110	1,941	1,903	2,099	2,019
Tiempo 30m (s)	5,408	5,158	5,251	5,322	4,650	4,674	5,021	4,993
Velocidad Max (m/s)	6,85	7,59	6,51	7,26	7,70	8,22	7,21	7,81
Velocidad max (km/h)	24,67	27,33	23,45	26,12	27,72	29,59	25,95	28,12

* Diferencia significativa España - Finlandia p<0,05

Prueba estadística: prueba no paramétrica de Mann-Whitney (U Test), para dos muestras independientes

Tabla 7. Comparación resultados sedentarios de España y Finlandia.
Resultados medios según la edad.

TESTS	Chicas 14 años		Chicas 13 años		Chicos 14 años		Chicos 13 años	
	Finlandia	España	Finlandia	España	Finlandia	España	Finland	España
	(n=8)	(n=22)	(n=4)	(n=9)	(n=15)	(n=15)	(n=5)	(n=8)
Balón Medicinal 3kg (kg)	4,19	3,98	4,03	3,57	5,35	5,58	4,95	4,24
S Longitud parado (m)	1,49*	1,24	1,41	1,37	1,68	1,57	1,64	1,50
SJ (cm)	21,33	17,60	15,75	21,30	24,25	21,90	20,20	21,40
CMJ (cm)	23,83	20,20	17,50	23,90	26,00	25,30	22,40	25,00
% Elasticidad	10,46	13,00	9,45	10,70	6,95	13,50	9,78	14,50
DJ Tiempo contacto(ms)	306,00	334,70	336,50	398,40	307,00	324,20	428,60	401,30
DJ Tiempo vuelo (ms)	403,00*	362,30	341,00	395,70	434,00	402,20	442,00	418,30
DJ Altura (cm)	20,11*	16,30	14,87	19,40	23,45	20,20	24,30	21,80
DJ Potencia (w/kg)	23,15*	18,90	16,82	19,60	26,82	22,30	22,86	21,30
Salto libre (cm)	27,00	23,20	21,25	26,00	28,50	30,40	24,00	27,00
Flex (cm)	22,35	15,50	30,40*	17,70	18,05	12,60	22,56	13,30
Resistencia Vmax (km/h)	9,64	9,28	9,38	9,44	10,97	10,47	10,40	10,71
Resistencia FCmax (pul/min)	196,00	196,90	198,75	204,10	202,75	200,30	200,80	201,40
Course Navette Vmax (km/h)	10,26*	9,63	9,34	9,66	10,41	10,37	10,34	10,38
VO₂max Est Léger (ml/kg/min)	34,21*	30,39	28,64	29,12	35,10	34,80	34,67	34,90
VO₂max Est Flouns (ml/kg/min)	31,04*	27,02	25,17	25,68	31,98	31,66	31,53	31,76
Course Navette FCmax (pul/min)	197,00	193,30	195,25	200,10	204,50	200,90	200,40	206,00
Agilidad (s)	19,382	20,773	22,695	21,000	19,326	19,397	18,657	20,421
Tiempo 10m (s)	2,249	2,498	2,466	2,276*	2,121	2,107	2,354	2,283
Tiempo 30m (s)	5,482*	6,050	6,290	5,813*	5,127	5,268	5,864	5,825
Velocidad Max (m/s)	6,71	6,11	5,34	6,40*	6,92	6,80	6,06	6,47
Velocidad max (km/h)	24,16	22,00	19,22	23,05*	24,94	24,49	21,84	23,28

* Diferencia significativa España - Finlandia p<0.05

Prueba estadística: prueba no paramétrica de Mann-Whitney (U Test), para dos muestras independientes

105

Tabla 8. Resultados medios del grupo de entrenamiento y de control, en España.

	Peso	Talla	BMI	BM 3Kg	SLJ	SJ	CMJ	E%	CT	FT	h	P	Libre	S & R	Tiempo	Vmax	FCmax	10x5 Shun	10 m	30 m	(m/s)	(km/h)
				Fuerza				DJ.o						Flex	Resistencia			Agilidad	30 m Sprint		Veloc max	
G. Control media Ev1	61.8	1.64	22.82	4.67	1.35	20.1	23.3	13.7	343	391	19.0	20.7	26.7	13.6	482.3	10.01	197.3	20.332	2.256	5.645	6.68	24.05
DE	16.2	0.11	4.03	1.47	0.24	4.9	5.6	5.1	84	53	5.1	4.4	6.6	6.1	181.1	1.21	11.4	2.190	0.259	0.768	0.87	3.12
G. Control media Ev2	61.8	1.64	22.82	4.78	1.33	20.0	22.7	11.8	357	394	19.4	20.8	26.5	13.2	450.2	9.80	196.3	20.504	2.302	5.894*	6.47	23.29
DE	16.2	0.11	4.03	1.27	0.26	4.9	5.3	4.6	118	53	5.2	4.3	6.2	8.3	171.4	1.14	7.1	2.283	0.250	0.752	1.04	3.75
G. Entren. Media Ev1	58.7	1.60	22.87	4.36	1.31	19.3	22.1	12.9	309	373	17.4	20.8	25.0	18.9	430.5	9.74	200.5	20.625	2.475	5.784	6.16	22.16
DE	12.3	0.08	3.27	1.2	0.23	5.0	5.0	6.1	73	53	5.0	5.8	5.1	8.8	145.8	0.97	7.7	2.290	0.841	0.536	0.76	2.73
G. Entren. Media Ev2	58.7	1.60	22.87	4.31	1.24*	17.6*	20.5*	13.9	322	370	17.1	20.1	24.4	18.10	391.5*	9.41*	198.10	20.457	2.284	5.589	6.33	22.78
DE	12.3	0.08	3.27	1.31	0.26	3.8	4.1	5.7	93	51	4.7	5.2	5.2	9.60	130.0	0.87	7.90	1.427	0.160	1.010	0.85	3.05

* Diferencia significativa p<0,05

Prueba estadística: prueba T de Student (t-Test) de comparación de medias, para muestras relacionadas

Tabla 9. Resultados medios del grupo de entrenamiento y de control, en Finlandia.

	Fuerza					DJso					Flex	Resistencia			Agilidad	30 m Sprint		Veloc max	
	BM 3Kg	SLJ	SJ	CMJ	E%	CT	FT	h	P	Libre	S & R	Tiempo	Vmax	FCmax	10x5 Srun	10 m	30 m	(m/s)	(km/h)
Control Gr media Ev1	4.59	1.64	22.6	24.9	9.2	409	424	22.6	21.7	27.9	26.3	604.7	11.33	202.0	18.841	2.227	5.454	6.50	23.38
DE$_1$	1.03	0.28	5.4	6.1	4	125	70	6.5	4.9	6.2	7.3	213.4	1.63	10.2	1.971	0.169	0.534	0.71	2.54
Control Gr media Ev2	4.22	1.57	22.4	23.8	13.7	460	425	22.7	20.3	26.6	25.8	563.1*	11.05*	199.4	18.436	2.439	5.481	6.63	23.87
DE	0.98	0.31	4.4	4.8	4.6	97	68	6.5	4.8	5.7	8.3	252.1	1.93	9.4	1.674	0.320	0.522	0.63	2.26
G. Entren. Media Ev1	5.09	1.82	26.1	28.6	8.9	305	469	25.9	28.7	33.1	25.7	805.4	12.70	201.8	17.137	2.122	5.117	7.04	25.33
DE	1.62	0.39	6.3	6.5	4	86	75	6.9	8.2	7.4	7.9	180.3	1.36	7.6	1.803	0.128	0.401	0.73	2.64
G. Entren. Media Ev2	5.43	1.87	26.5	28.9	8.5	296	458	25.9	29.6	33.7	27.2	892.9*	13.27*	201.6	16.420	2.094	5.047	7.18	25.86
DE	1.73	0.36	5.3	5.3	4.9	90	39	4.5	7.2	6.8	7.5	139.6	1.17	7.3	1.419	0.156	0.371	0.59	2.12

* Diferencia significativa p<0,05
Prueba estadística: prueba T de Student (t-Test) de comparación de medias, para muestras relacionadas